¡Lo que más me gusta del pastor L[...]
local! Este libro es una gran repre[...]
anhela su corazón. Anhela que la novia de Cristo sea pura y sea una para el novio. Su corazón pastoral surge al reconocer claramente que la iglesia es el cuerpo y que cada miembro es una parte vital de ese cuerpo. Este libro debe servir bien a todos los pastores en su búsqueda de capacitar a la iglesia y liderar bien su comunidad.

JOHN KLAASSEN, PH. D.
Director del Doctorado en Misiología del *Southern Baptist Theological Seminary* y Profesor Asociado para Estudios Globales de *Boyce College*.

Vivimos tiempos en que la ausencia de sentido de pertenencia puebla la cultura contemporánea. Por eso es necesario enseñar con claridad qué significa ser miembro de una iglesia, partiendo del valor de nuestras creencias fundamentales, la importancia de una espiritualidad fructífera y la necesidad de la comunión íntima y el servicio cristiano abnegado en una iglesia local. El pastor Luis David Marín hace un excelente trabajo con este libro que ayudará a muchas iglesias a poner buenas bases en su membresía.

PEPE MENDOZA
Director Editorial de *Coalición por el Evangelio (TGC)*.

Recomiendo este libro, de manera especial a los pastores y líderes de iglesias locales porque en él podrán tener un ejemplo para desarrollar un proceso de membresía bíblico para sus iglesias. Al aplicar los principios de *Únete a la Iglesia* en tu propio contexto promoverás la unidad en tu congregación y la santidad de sus miembros.

DANIEL PUERTO
Director Ejecutivo de *Soldados de Jesucristo*; Editor de la Revista *9Marcas*; Autor y editor, *De vuelta a Cristo: Celebrando 500 años de la Reforma Protestante*.

Los pasados cien años de la historia de la iglesia cristiana han visto un crecimiento impresionante en el avance del evangelio en muchas partes del mundo, y en especial en Latinoamérica. Sin embargo, a pesar de este progreso evangelístico, muchas de nuestras iglesias carecen de buenos fundamentos en el tema de eclesiología. Este libro ofrece a las iglesias locales una guía para recibir nuevos miembros a través de un proceso bíblico y práctico.

JORGE ALTIERI
Pastor de la *Iglesia Bautista Faro de Gracia* en Delaware; y Fundador de *Radio Faro de Gracia.*

En este libro práctico y a la vez profundo, el pastor Luis David Marín le ofrece a la iglesia de Cristo una herramienta extremadamente útil para poner en práctica la membresía oficial de la iglesia local. Como miembros del cuerpo de Cristo, todos somos beneficiados al llevar a los nuevos creyentes por un proceso detallado de la membresía, y este libro logra ese objetivo. El mismo nace de la pluma de un pastor que practica lo que en él enseña.

CARLOS E. LLAMBÉS
Pastor y Misionero, *International Mission Board*; Autor de *7 Disciplinas Espirituales para el Hombre.*

Este es un libro que todo cristiano debe leer. La membresía de la iglesia es la manera ideal en que los cristianos obedecen, crecen, y sirven en el cuerpo de Cristo. El Pastor Luis ha escrito este libro de una forma bíblica, sencilla, y práctica, como parte del discipulado a nuevos miembros. Sé que será de mucha bendición para iglesias y futuras plantaciones.

LILY LLAMBÉS
Misionera, *Internacional Mission Board*; Autora de *7 Disciplinas Espirituales para la Mujer.*

Este libro nos reta y equipa para tomar en serio nuestra membresía en la iglesia. Luis Marín nos brinda un manual práctico, compuesto por diez capítulos que combinan enseñanzas bíblico–teológicas con preguntas para reflexión y discusión, sobre las implicaciones de ser miembros de una iglesia local. *El pacto de membresía y el estudio interactivo de teología* son dos secciones de valor particular. En cada página Marín muestra su amor por la iglesia y la centralidad del evangelio que caracterizan su ministerio pastoral.

RAMÓN OSORIO
Director de Plantación de Iglesias etnolingüísticas,
North American Mission Board.

Ser miembro de una iglesia local es de suma importancia, especialmente en esta época. El pastor Luis David Marín ha escrito un libro para guiar a creyentes y también a pastores en lo que realmente significa ser un miembro activo que busca glorificar a Dios y propagar el evangelio a través de una iglesia saludable. Necesitamos más libros como este que de forma bíblica, pero también práctica nos muestre lo que significa unirse a una iglesia local.

OSCAR L. TORTOLERO
Movilizador Estratégico de Iglesias Hispanas, *International Mission Board.*

Si estás buscando un recurso para establecer un proceso bíblico de membresía en tu iglesia local, esto es exactamente lo que Luis David te ofrece. Una guía bíblica, práctica, centrada en el evangelio y fácil de implementar en cualquier contexto. ¡Recomendado!

MOISÉS GÓMEZ
Pastor, *First Irving Español* en Texas.

Pertenece a:

ÚNETE A LA IGLESIA

Una ruta bíblica y práctica para ser miembro de la iglesia

Luis David Marín

Este libro lo dedico a los hombres y mujeres de fe que apoyaron mi sueño apasionado de llegar algún día a estudiar teología y servirle a Dios en el ministerio:

Jake y Chastity Julson
Kaitlin Keefe
Chelsea Colette
Ricardo Morillo

Cada uno de ustedes ofrendaron sacrificialmente por años, aun cuando sus vidas pasaban por momentos duros, para que la gloria de Dios sea alabada en las naciones. Mi gratitud por sus vidas nunca deja de incrementar.

CONTENIDO

PRÓLOGO

Cristo amó de tal manera a la iglesia que dio su vida por ella (Efesios 5:25). Él fundó la iglesia (Mateo 16:18), y la compró con su sangre (Hechos 20:28). La iglesia es importante para Cristo y también debe ser importante para cada cristiano. Pero no solamente la iglesia universal en general, sino también la iglesia local. Es por medio de iglesias locales sanas, centradas en el evangelio, que Dios es glorificado, conocido, y celebrado, de tal modo que "la infinita sabiduría de Dios puede ser dada a conocer ahora por medio de la iglesia" (Efesios 3:10). Por lo tanto, todo creyente debería ser miembro de una iglesia local.

Si bien es cierto que en las Escrituras no encontramos palabras como—"Hijitos míos, no dejen de ser miembros de una iglesia local, y cuando se muden de ciudad háganse miembros de una iglesia local allá"—cualquier lector honesto de la Palabra de Dios reconocerá que en el Nuevo Testamento encontrarse con un cristiano era encontrarse con un miembro de una iglesia loca. Para los escritores bíblicos es insólito pensar que alguien pueda ser un creyente genuino y, al mismo tiempo, estar voluntariamente desconectado de un grupo de creyentes en una iglesia local.

Dios diseñó nuestra vida cristiana para que sea vivida en el contexto de la membresía de una iglesia local (Hebreos 10:23-25), pero ¿Cómo me hago miembro de una iglesia? Aquí es donde necesitas leer este libro.

En *Únete a la Iglesia*, Luis David Marín te ayudará a saber qué debes considerar para ser miembro de una iglesia local. Él traza un camino claro y práctico para ayudarte a saber qué evaluar en una iglesia antes de hacerte miembro y qué compromisos haces al ser parte de ella.

Recomiendo este libro, de manera especial, a los pastores y líderes de iglesias locales porque en él podrán tener un ejemplo para desarrollar un proceso de membresía bíblico para sus iglesias locales. Al aplicar los principios de este libro en tu propio contexto promoverás la unidad en tu congregación y la santidad de sus miembros. Nuestras iglesias de habla hispana necesitan ver la membresía de la iglesia con más seriedad y estoy seguro de que todos los que lean este libro lo harán.

DANIEL PUERTO
Director Ejecutivo, *Soldados de Jesucristo*

CÓMO USAR ESTE LIBRO

¡Bienvenido! Tus pastores han estado orando por ti. Ellos han rogado que este tiempo de estudio no sea solo una reunión informativa o una mera formalidad para entrar en la iglesia. Su deseo es que en estas semanas tú puedas ser profundamente edificado y preparado para amar más a Dios y a su amada iglesia. Antes de comenzar déjame darte algunos consejos para aprovechar al máximo este libro.

Entiende la estructura de este libro

La mejor forma de aprovechar un largo viaje es investigando con anticipación qué lugares especiales te encontrarás al recorrer el camino y qué paradas debes hacer para ver los mejores paisajes. De la misma manera, si entiendes de antemano la estructura de este libro, podrás experimentarlo como un espléndido viaje bíblico hacia una membresía saludable.

Este libro está dividido en cuatro semanas y desarrolla tres grandes temas. La primera semana se considera el tema del evangelio de Jesucristo. La segunda y tercera semana se considera el tema de la iglesia. Este tema toma dos semanas porque es extenso y muy importante. Y la última semana se considera el tema de la membresía de la iglesia.

Con el propósito de ahorrar tiempo sin sacrificar la profundidad de estudio, cada semana, además de la sesión de clases, tienes tarea para hacer en casa. Se espera que después de la clase dediques un buen tiempo durante la semana para responder las preguntas de repaso que hay después de cada capítulo y que también te dediques a leer y completar los capítulos asignados para la semana.

Recuerda la meta de este libro

Quizás te preguntas, ¿Por qué vale la pena esforzarse en estudiar detenidamente este libro para nuevos miembros? Esta es la respuesta:

Porque llegará el día en el que todos rendiremos cuentas ante Dios.

Tú tienes un deber ante Dios de conocer la iglesia local y asegurarte que no es una iglesia falsa que enseña doctrinas contrarias al evangelio verdadero y a la Palabra de Dios. Y la iglesia tiene el deber ante Dios de conocerte y asegurarse que eres un verdadero cristiano, redimido por la sangre de Cristo.

Este libro tiene la meta de prepararte para el día final donde te encontrarás con Cristo y rendirás cuenta de todo lo que hiciste.

Importante nota de aclaración

Antes de comenzar, es importante dejar una última nota de aclaración: Terminar las clases de membresía nunca garantiza que puedes unirte oficialmente a la iglesia. Si después de terminar este discipulado no podemos afirmarte como miembro de la iglesia, no te desanimes. Te pediremos tomar algunos otros pasos necesarios.

Quizás necesitas tomar el paso del bautismo. Quizás necesitas profundizar un poco más en tu entendimiento de quién es Dios, quién es Cristo, qué significa ser pecador o en qué consiste el mensaje del evangelio. Cualquiera que sea tu situación, no te desanimes, más bien persevera en el camino de la fe y obediencia a Dios. Nuestro sincero deseo es glorificar a Dios y bendecir tu vida. Pidámosle a Jesús, nuestro Buen Pastor, que nos pastoree amorosamente en las siguientes semanas.

INTRODUCCIÓN

El día que Jesús transformó mi cristianismo

¿Qué tipo de relación tienes con la iglesia local? ¿La amas? ¿Te has entregado en compromiso a un grupo específico de discípulos? ¿Cómo definirías la relación que un cristiano debe tener con la iglesia local?

Una de las debilidades más grandes del cristianismo moderno es su costumbre de desconectar su caminar con Cristo de su caminar con la iglesia local. Mi propia historia no es una excepción. Yo también quería vivir un cristianismo que sólo se aferrara a Dios y a la Biblia, pero sin comprometerme con una iglesia local específica. En mis primeros años de cristiano yo viví un cristianismo individualista, asistiendo a varias iglesias de vez en cuando, pero sin comprometerme con ninguna en específico.

Yo no quería que mi compromiso con una sola iglesia se volviera un obstáculo para lograr mis metas espirituales. Yo deseaba crecer, servir y llegar a ser un gran hombre de Dios, y no quería que nada frenara los grandes planes que Dios tenía para mi vida. Yo quería hacer algo extraordinario para Dios. Yo anhelaba una vida llena de aventura y espiritualidad, "Yo, mi Biblia y Dios." Suena interesante, ¿no?

El gran problema con mi anhelo es que había fabricado un estilo de cristianismo individualista y personalizado que contradecía completamente las instrucciones que Jesús dejó a sus discípulos. Mi cristianismo se oponía al cristianismo bíblico, y así, sin darme cuenta, mis planes estaban siendo más influenciados por mi cultura y mi época que por las enseñanzas de mi Maestro.

Contrario a mis planes, Jesús dijo, "Si alguien dice: «Yo amo a Dios», pero aborrece a su hermano, es un mentiroso. Porque el que no ama a su hermano, a quien ha visto, no puede amar a Dios a quien no ha visto. Y este mandamiento tenemos de Él: que el que ama a Dios, ame también a su hermano" (1 Juan 4:20-21).[1]

En nuestro contexto moderno Jesús diría, "el que dice que desea dejarlo todo y sacrificarlo todo por amor a Dios, pero no tiene suficiente amor como para comprometerse a dedicarle tiempo, esfuerzo y compromiso a sus imperfectos hermanos de la iglesia local, realmente no ha conocido a Dios."

Dios comenzó a mostrarme mi error poco a poco, y comenzó a poner un fuerte deseo en mi corazón de estudiar profundamente las enseñanzas bíblicas relacionadas a la membresía de la iglesia local. Mientras más estudiaba sobre el tema más me daba cuenta de que había estado entendiendo las dinámicas de la vida cristiana de una forma completamente equivocada.

Cada vez que pensaba en la iglesia sólo pensaba en el sentido abstracto y universal de la palabra. Siempre me vi a mí mismo como un miembro del cuerpo espiritual de Cristo, un miembro de la iglesia universal desde el mismo día que me convertí, y estaba en lo correcto. Sin embargo, no había visto la contradicción de sostener esa enseñanza y al mismo tiempo resistirme a volverme un miembro comprometido de una iglesia local en particular.

Pensaba que era suficiente con tratar de servir y bendecir a cualquier cristiano que me encontrara por la calle, pero me resistía a unirme y comprometerme fuertemente, y a largo plazo, con un solo grupo de cristianos, a una iglesia local específica. Yo había distorsionado el plan de Jesucristo para sus discípulos. Si antes me había unido a una iglesia local lo había hecho porque me caía bien la gente o porque encontraba una oportunidad especial de servir, pero no lo hacía porque deseaba entregarme completamente a una familia local de discípulos. La verdad es que había estado viviendo como huérfano espiritual.

La gloria de ser miembro de una iglesia local

Después de meses de estudio bíblico, meditación y lectura de diversos libros de sana doctrina sobre el tema, Dios cambió comple-

---

1 Todas las citas bíblicas del libro provienen de: *Nueva Biblia de Las Américas* (Nashville, TN: Editorial Vida, 2020).

tamente mi corazón. Entendí lo glorioso que era ser miembro del cuerpo local de Cristo. Mis deseos de ser un gran héroe solitario de la fe cristiana se habían ido. Ahora tenía un deseo mucho más elevado y glorioso, ahora tenía el deseo de llegar a ser un buen miembro de mi iglesia local.

De hecho, deseaba llegar a ser el mejor miembro de mi iglesia local, orar por mis pastores, ofrendar, servir, impulsar a mi iglesia y vivir una vida ejemplar como discípulo de Cristo. Si moría haciendo estas cosas, habría vivido una vida de gran gloria y honra para Dios. Mis grandes ambiciones personales se habían desvanecido porque yo mismo había muerto.

Ahora mi identidad no era únicamente la de un simple individuo cristiano con sueños apasionantes. Mis nuevas pasiones ya no se centraban en mí, sino que estaban inseparablemente conectadas a los otros miembros de mi iglesia local. Ahora mi identidad era la de un miembro del cuerpo de Cristo. Uno entre muchos miembros. Un miembro de mi salvador, mi Señor y mi Dios. Un miembro llamado a ser de bendición a todo el cuerpo local de Cristo.

Le ruego a Dios que use este libro para hacer en tu vida lo que hizo en la mía. Le pido a Dios que cree en ti algo nuevo y glorioso, una nueva visión del cristianismo, de la iglesia y de la vida cristiana centrada en el evangelio. Oro que Dios abra un nuevo mundo ante ti. Un mundo que no es solitario y apartado, sino profundamente unido a otros cristianos como miembros de una familia local.

El Evangelio

El Evangelio es el mensaje de que Jesús vivió, murió, y resucitó para salvar a los pecadores; si te arrepientes y crees en Jesús, Dios te salvará.

DEFINIENDO EL EVANGELIO DE JESÚS

"Y si todavía nuestro evangelio está velado, para los que se pierden está velado, en los cuales el dios de este mundo [satanás] ha cegado el entendimiento de los incrédulos, para que no vean el resplandor del evangelio de la gloria de Cristo, que es la imagen de Dios."

2 CORINTIOS 4:3-4

Una iglesia saludable es una iglesia unida en su entendimiento y amor por el mensaje del evangelio. Es el evangelio lo que nos dirige a un amor sacrificial los unos por los otros, nos lleva a ser buenos miembros de la iglesia y a comprometernos con impulsar la vida y la santidad de nuestros hermanos.

Sin embargo, uno de los problemas más grandes que enfrenta la iglesia cristiana moderna es tener cristianos que no conocen el cristianismo, evangélicos que no entienden el evangelio y discípulos que no conocen a su Maestro.

¿De qué se trata el cristianismo?

Imagina que tienes la oportunidad de ir a una isla nunca antes descubierta donde los habitantes son sumamente amigables. Mientras que conoces a los habitantes de esta isla comienzas a dialogar con ellos e intercambiar toda clase de preguntas. Hablan de comida, de estilos de vestimenta, de historia y de música hasta que llegan al tema de la religión. Ellos tratan de explicar brevemente su religión mientras que de repente te piden con mucha curiosidad: "¡Háblanos de tu religión!" ¿Cuál sería la respuesta que le darías a estos nativos?

Te desafío a que lo intentes. En uno o dos minutos, intenta escribir qué le dirías a estos nativos sobre tu religión cristiana. Respóndeles ahora su pregunta: *¿De qué se trata el cristianismo?*

_____

_____

_____

_____

_____

_____

Lamentablemente no muchos cristianos están capacitados para responder a tal pregunta. ¿Podrías tú responder esta pregunta con confianza? Muchas personas hablan del cristianismo y asumen que lo conocen, pero pocos son los que sostienen un cristianismo bíblico. ¿Qué es el mensaje esencial de tu fe? ¿Cuál es su mensaje central? ¿De qué se trata el cristianismo? El evangelio de Jesucristo es la esencia del cristianismo. Comencemos por entender qué significa esta extraña palabra: *evangelio.*

¿QUÉ ES EL EVANGELIO?

La palabra "evangelio" es una palabra que proviene de un tiempo antiguo, de una lengua extranjera y de una cultura olvidada en el pasado. La palabra "evangelio" proviene del griego antiguo (este fue el idioma en que el Nuevo Testamento fue escrito originalmente).

La palabra "evangelio" se usaba para referirse a un tipo único y especial de buenas noticias o anuncios. Evangelio realmente significa "buenas noticias de victoria." Eran buenas noticias de naturaleza militar. Muchas veces se refiere a las victorias de un rey sobre sus enemigos que acarreaba gran favor y bendición a su reino.

Los apóstoles eligieron esta palabra—"buenas noticias de victoria" (εὐαγγέλιον, evangelio)—para predicar la victoria de Dios sobre todos nuestros enemigos (por ejemplo: el pecado, la muerte, el diablo, y la condenación).

La victoria de Dios constituye buenas noticias para el pueblo de Dios. Su victoria fue extraña, un tipo de victoria nunca antes vista. La victoria de Dios vino mediante una aparente derrota—sus enemigos lo mataron crucificándolo.

Sin embargo, al tercer día se manifestó públicamente en la resurrección que estos enemigos habían sido derrotados por el Rey en este gran acto de salvación. Nuestro Rey se levantó con toda autoridad en el cielo y la tierra.

Ahora todo el pueblo de Dios, el pueblo cristiano, recibe perdón de pecados, vida eterna, victoria sobre el diablo y la promesa certera de nuestra resurrección. Entonces, la palabra "evangelio" es el anuncio de que Dios ha llevado a cabo su eterno plan de salvación (Leer Hechos 10:39-43 para ver un ejemplo de este anuncio de victoria).

El evangelio no es moralismo

El cristianismo no se trata de lograr vivir una vida más moral y respetable. Si bien es bueno crecer en actos de bondad, la Biblia dice que "por las obras de la ley nadie será justificado" (Gálatas 2:16). Nadie va al cielo por portarse bien. Solo aferrándonos por fe a la victoria de Dios en Jesucristo podemos hallar salvación.

Una vez, en una iglesia, le pregunte a una mujer de qué se trataba el mensaje de salvación bíblico y me respondió: "Debemos tomar una decisión de ser mejores personas. Con esfuerzo, podemos ser mejor, ir a la iglesia y orar más."

Si lo piensas bien, cualquier otra religión podría describirse de la manera que esta mujer describió el cristianismo. Pero el evangelio no es un llamado a esforzarnos para ser mejores personas. El evangelio no es moralismo.

El evangelio no es misticismo

Otros piensan que el evangelio es misticismo. Ellos claman que el verdadero cristianismo es milagros, señales, nuevas revelaciones y experiencias sobrenaturales. Pero la Biblia advierte que "se levantarán falsos Cristos y falsos profetas, y mostrarán grandes señales y prodigios, para así engañar, de ser posible, aun a los escogidos" (Mateo 24:24). Aun los demonios pueden causar toda clase de experiencias sobrenaturales y milagrosas, y serán condenados por la eternidad. Solo Cristo salva, ningún otro poder se le puede comparar.

Hace un tiempo atrás escuché a alguien describir el evangelio como una experiencia mística. "La salvación es un fuego que uno siente en el estómago. Muchas veces te consume y hace que te desmayes y que hables en lenguas. Si no hablas en lenguas, aún no eres cristiano, aún no eres salvo." Pero el evangelio no es acerca de nuestras emociones o experiencias. El evangelio no es misticismo.

El evangelio no es salud y prosperidad

Algunos predican un evangelio diferente que se enfoca en el éxito personal, la prosperidad financiera, y la esperanza de vivir en salud. Estos peligrosos grupos enseñan que nuestras palabras tienen poder para afectar el mundo alrededor. Por eso los escucharás animando a sus audiencias a "confesar y declarar sanidad y prosperidad" con la esperanza de que se "materialice" en sus vidas.

Aquellos que predican prosperidad en la iglesia también redefinen a la fe. La fe ya no es definida como humilde confianza en Dios, sino como un poder dentro de nosotros que podemos aprender a controlar. Mientras más fe tenemos, dicen ellos, más habilidad poseemos para moldear el mundo a nuestro alrededor de acuerdo con nuestros deseos. Pero el evangelio no se trata de salud física y prosperidad material. El evangelio se trata de obtener a Cristo como suficiente señor y salvador de nuestras almas.

El evangelio no es legalismo

El evangelio tampoco se trata de obediencia rígida a los mandamientos de la iglesia. Esta tendencia es llamada "legalismo." El legalismo es "la creencia de que la salvación exige o depende de la obediencia total a la letra de la ley." [1] Es decir, el legalismo hace que la salvación

---

1 Martin H. Manser, *Dictionary of Bible Themes: The Accessible and Comprehensive Tool for Topical Studies* (London: Martin Manser, 2009).

dependa de nuestra habilidad de obedecer a Dios.

El peligro del legalismo es que tiene apariencia de piedad, pero desplaza a Cristo de su posición central en la iglesia. La obediencia es buena, pero no puede tomar el lugar de Cristo. El legalismo presenta al ser humano como el salvador de su propia alma mediante la devoción y piedad. Irás al cielo si no comes puerco, guardas el sábado, no vas al cine, y asistes sin falta a cada evento de la iglesia.

La verdad es que nadie, por más que lo intente, puede lograr dominar su carne mediante reglas. Por eso el legalismo termina fomentando la hipocresía y la culpa, en lugar de la fe y dependencia en Cristo como suficiente salvador. Tal como Pablo dijo: "Tales cosas tienen a la verdad, la apariencia de sabiduría en una religión humana, en la humillación de sí mismo y en el trato severo del cuerpo, pero carecen de valor alguno contra los apetitos de la carne" (Colosenses 2:23).

¿Qué es entonces el evangelio de Jesucristo? ¿De qué se trata el mensaje bíblico de salvación? En este capítulo aprenderemos a definir el evangelio con precisión bíblica y espiritual.

El evangelio es la presentación de una persona

Si bien el evangelio puede definirse como "el mensaje de salvación," no debemos jamás pensar que el evangelio es un simple paquete religioso que promocionamos por todos lados. El evangelio no consiste en consejos para vivir mejor o beneficios que obtener de parte de Dios. El evangelio primeramente consiste en conocer, seguir y amar a una gloriosa persona: la persona de Jesús.

La verdad es que nos hemos acostumbrado a hablar más de los beneficios de la salvación que acerca del Salvador de nuestras almas. El escritor Rick Holland admite que después de compartir el evangelio varias veces y ser rechazado se comenzó a preguntar:

> ¿Por qué podría alguien no estar interesado en el perdón de pecados, la presencia de esperanza en esta vida, la seguridad del cielo y miles otros beneficios de la salvación?... No preguntaba por qué alguien podría rechazar al Salvador sino por qué alguien podría rechazar los beneficios de la salvación... mi presentación del evangelio sonó más como quien vende una

nueva religión que una presentación de Jesucristo, el Salvador resucitado y viviente. [2]

El mismo nombre de Jesús resume el mensaje del evangelio. Su nombre significa "Yahveh Salva." Este significado no es casualidad. Recordemos que Dios envió un ángel a José y a María para asegurarse de que le pusieran "por nombre Jesús, porque Él salvará a Su pueblo de sus pecados" (Mateo 1:21).

Cuando evangelizamos, "nosotros no sólo estamos promocionando el evangelio de Jesucristo, sino a Jesucristo mismo".[3] No sólo explicamos las enseñanzas de Cristo, o el mensaje sobre Cristo, sino que procuramos presentar a la persona de Cristo en toda su gloria y esplendor. La pregunta más importante que puedes hacerte en la vida es si conoces a Jesús de una manera personal. El evangelio es la proclamación de la gloria de Cristo, su costosa obra de salvación en la cruz, y su victoria en la resurrección. De principio a fin, el evangelio es un mensaje acerca de la persona de Jesús.

El evangelio en una sola frase

La mejor forma de resumir el evangelio en una frase corta y memorable la escuché del teólogo y escritor Andy Naselli. Esta frase ha sido tan útil para mi vida que la he establecido en nuestra iglesia como una frase que todos los miembros memorizamos. Yo te invito a que tú también la memorices.

La frase no incluye toda la enseñanza bíblica sobre la salvación, pero sí incluye los elementos más básicos y esenciales que forman el esqueleto conceptual del evangelio. Una persona que memorice esta frase puede pasar horas desarrollando cada uno de sus elementos en una conversación evangelística. Aquí está la frase que debes memorizar:

---

2 Holland, "Cristo, el Salvador: La evangelización como una persona, no como un plan" en John MacArthut, ed., *La Evangelización: Cómo Comparitr el Evangelio con Fidelidad* (Nashville, TN: Grupo Nelson, 2011), 70.

3 Holland, "Cristo, el Salvador," 73.

*El evangelio es el mensaje de que Jesús vivió, murió, y re-
sucitó para salvar a los pecadores; si te arrepientes y crees
en Jesús, Dios te salvará.*

La primera mitad de la frase expresa el contenido esencial del evangelio: Las noticias de salvación en Cristo, mediante su vida, muerte y
resurrección. La segunda mitad de la frase explica cómo debemos responder al evangelio para ser salvos: debemos tener arrepentimiento
genuino y fe en Cristo. Esta frase se basa en un análisis cuidadoso de
los resúmenes del evangelio que encontramos en el Nuevo Testamento, en las palabras mismas de los apóstoles:

- "Jesús vivió, murió y resucitó para salvar a los pecadores" (1
  Corintios 15:3-4; 1 Timoteo 1:15).

- "Si te arrepientes y crees en Jesús, Dios te salvará" (Hechos
  2:37-38; 16:30-31; 17:30).

Es importante aclarar que esta frase intenta resumir la esencia de las
buenas noticias de salvación. Estas noticias se centran en la persona
y obra de Jesucristo. Sin embargo, hay otros elementos esenciales
que deben comunicarse en la tarea de compartir el evangelio a otros.
Estos elementos son verdades esenciales sin las cuales el evangelio no
tendría sentido.

CONTEXTO
Verdades esenciales para entender el evangelio

1. Dios es santo, y nosotros pecadores.
2. Estamos condenados ante Dios por nuestros pecados y somos incapaces de salvarnos a nosotros mismos.
3. Jesús es completamente Dios y completamente hombre.
4. Dios es Padre, Hijo y Espíritu Santo, único Dios verdadero y
   creador de todo.

Estas y otras verdades proveen el contexto donde el evangelio (el anuncio de salvación en Cristo) puede ser entendido. Pero hay más. Una presentación responsable del evangelio no sólo contiene la esencia del evangelio y el contexto del evangelio, sino que también apunta hacia los innumerables beneficios que trae el evangelio de Jesucristo a todo el que cree. Veamos algunos de estos beneficios:

IMPLICACIONES
Beneficios para creer en el Evangelio

Todo aquel que rinde su vida a Cristo ha sido:

1. Justificado y perdonado por Dios.
2. Adoptado como hijo de Dios.
3. Unido espiritualmente a Jesucristo.
4. Ha recibido el Espíritu Santo y ha obtenido un nuevo amor por Dios y por su prójimo.
5. Será resucitado en gloria en la venida de Cristo.

Estas maravillosas verdades son inseparables del evangelio, sin embargo, la esencia del evangelio en una sola frase puede resumirse cuando decimos que: "El evangelio es el mensaje de que Jesús vivió, murió, y resucitó para salvar a los pecadores; si te arrepientes y crees en Jesús, Dios te salvará." Esa es la esencia del evangelio y debe ser distinguida del contexto del evangelio y de las implicaciones del evangelio.

Ya hemos considerado el evangelio en una sola frase. Este tipo de estudio es útil porque es memorable y nos equipa para ser precisos en su definición. Sin embargo, la Biblia no presenta el mensaje del evangelio en una frase o en tres pasos que seguir para ser salvo. La Biblia presenta el evangelio en una gran historia. La Biblia presenta el evangelio como el gran propósito de Dios desde el comienzo de los tiempos hasta la eternidad.

El evangelio en el contexto de toda la Biblia

Muchos ven a la Biblia como una colección aleatoria de libros antiguos que nadie puede entender. Sin embargo, a pesar de su diversidad, la Biblia está profundamente conectada de principio a fin y narra el plan de salvación de Dios que él llevó a cabo en la historia humana. El mensaje de toda la Biblia se puede resumir en lo que algunos teólogos llaman: la historia de la salvación. Esa es la gran historia unificadora de la Biblia desde Génesis hasta Apocalipsis.

El gran tema de la Biblia de principio a fin narra la forma en que Dios como Rey ha creado todas las cosas buenas para desplegar su santa gloria y felicidad a través de los seres humanos, pero la humanidad se rebeló contra el glorioso Rey, trayendo al mundo el pecado, la miseria, la muerte y la condenación que hoy conocemos.

Sin embargo, el Rey está determinado a restaurar lo que hemos arruinado eligiendo y salvando un pueblo de toda lengua, tribu y nación para sí mismo. Pero salvar al pecador justamente condenado requiere un gran plan de salvación, en el que el Rey se vuelve hombre para ser nuestro substituto y tomar nuestro lugar en la cruz, y de esta manera recibir el justo castigo que merecen nuestros pecados.

Así, Cristo logra rescatar, perdonar y bendecir gratuitamente a todo pecador condenado que deposite su fe en él como Señor y Salvador. Su pueblo redimido le espera en santidad, con ansias de que su reino sea completamente establecido para toda la eternidad en un Nuevo Cielo y Nueva Tierra.

Este plan de salvación desarrollado en la Biblia puede ordenarse en cinco secciones:

——————— LA HISTORIA DE LA REDENCIÓN ———————

El Rey Extendiendo su Gloria

La historia de la Biblia es la historia del Rey extendiendo su gloria, belleza y majestad mediante el establecimiento de su reino. Este Rey es incomprensiblemente glorioso y superior a todo lo que hayamos pensado. Este rey es el Dios trino que eternamente ha existido en plenitud y gozo, lleno de gloria y amor entre el Padre, el Hijo y el Espíritu Santo. El rey creó todo lo que existe de la nada. Esta creación llegaría a ser su gran reino y su gran templo, donde Dios sería conocido, adorado y servido.

Después de crear todos los animales, la Biblia dice que Dios mismo formó de la tierra roja al hombre, y luego a la mujer, para que fueran sus imágenes vivientes. Imágenes que extenderían en toda la creación la autoridad del reino de Dios, promoverían la adoración y santidad del templo universal, y reflejarían la supremacía del Rey.

Estas imágenes se multiplicarían y llenarían toda la tierra, y la dominarían para que todos los rincones de la tierra se llenaran de adoración a Dios. La tierra debía ser un gran templo lleno de imágenes vivientes que constantemente alabarían la gloria y amor de Dios (Génesis 1:26-28).

El Rey Traicionado

La humanidad, creada para adorar y servir a Dios, se rebeló contra la autoridad del Rey y le desobedeció, traicionando así a su Creador y Dios. Cuando Adán y Eva comieron del fruto prohibido, la humanidad entera se corrompió. Los hombres se volvieron enemigos de Dios, y ya no adoradores. Es por eso que todos los seres humanos nacemos pecadores en un mundo lleno de pecado. Tenemos un corazón corrompido que se rebela contra Dios y se aprovecha del prójimo. Nacemos siendo enemigos de Dios. Nuestros corazones injustos prefieren cualquier cosa en lugar de la gloria de Dios. Hemos traicionado al Rey del universo y la justicia demanda que seamos castigados para siempre. Estamos condenados.

El Rey Anticipado

En medio de un mundo rebelde, Dios anunció la venida de Jesucristo a través de todo el Antiguo Testamento. Cada libro del Antiguo Testamento hace progresar el plan de Dios para salvar al mundo.

1. Dios creó a su pueblo Israel como instrumento para bendecir a todas las naciones con el Mesías.
2. Dios también estableció promesas y pactos con Adán, Noé, Abraham, Moisés y David que verían su cumplimiento final en la venida de Cristo, el cual establecería el perfecto Nuevo Pacto.
3. Dios estableció el perdón temporal de pecados mediante los sacrificios de animales como un anticipo de Jesús, el perfecto sacrificio por nuestros pecados.
4. Dios estableció reyes como un anticipo de Jesús, el perfecto rey de Israel.
5. Dios estableció profetas para anunciar la venida de Jesús.

La mayoría del Antiguo Testamento muestra cómo el pecado y rebelión de la humanidad siguió aumentando, mientras que el Rey iba revelando su plan para redimir el reino perdido mediante su venida a este mundo.

El Rey Crucificado

Cuando se cumplió el tiempo planeado por Dios, Él vino en rescate de la humanidad. Tal como lo había anunciado de antemano, Dios mismo se hizo un hombre para salvar a los hombres y tomó nuestro lugar en la cruz para morir nuestra muerte. En la cruz la maldición de Dios, la ira de Dios, la furia de Dios, la condenación de Dios para con el pecador se derramó sobre el Rey crucificado. El bendito Hijo de Dios tomó el lugar del pecador para volverse el maldito enemigo de Dios. La Biblia dice que todas nuestras iniquidades (todos nuestros pecados) fueron puestos sobre Jesucristo. En ese momento de humillación y maldición, Dios abrió el camino de reconciliación para que todo aquel que se arrepienta de sus pecados y crea en Jesucristo sea salvado gratuitamente.

El Rey Glorificado en Su Reino

La historia no termina en la cruz, más bien, la cruz marca un nuevo comienzo. El Rey crucificado fue sepultado, pero no se quedó en la tumba más que tres días. Jesús resucitó con poder al tercer día y ahora reina sobre todo (1 Pedro 3:18). El Rey Jesús pronto regresará para juzgar a sus enemigos eternamente y para salvar a su pueblo de manera definitiva. Los redimidos serán resucitados en cuerpos glorificados, transformados a la imagen de Cristo para vivir en santidad con Dios, y vivirán en un Nuevo Cielo y Nueva Tierra donde se cumplirá el propósito original de Dios en la creación. Toda la creación será llena de la plenitud y felicidad del Dios trino. Toda la creación será un gran reino y un gran templo para adorar, servir y disfrutar de Dios para siempre. Ese día se acerca. El día en el que veremos cara a cara a Jesús, el Rey glorificado en su Reino (1 Juan 3:2).

El evangelio es el mensaje de la cruz

El evangelio bíblico se centra en la crucifixión de Jesús. Si bien la Biblia entera se trata de la gloria de Dios manifestada en su plan de salvación, el verdadero centro de este plan de salvación es la sangrienta muerte de Jesucristo en la cruz (1 Corintios 2:2).

Aquel sangriento evento que duró sólo unas horas tuvo consecuencias eternas para un incontable número de pecadores. En esa cruz un sólo hombre rescató a todo el pueblo escogido por Dios de todas las épocas, de toda tribu, lengua y nación (Apocalipsis 5:9-10).

¿Cómo es que un hombre clavado en dos maderos entrecruzados logró la salvación del mundo? Debemos entender que este hombre no era cualquier hombre, y su muerte no fue cualquier muerte. Este hombre era "Dios manifestado en carne" (1 Timoteo 3:16, RV60), y su muerte fue única e irrepetible (Hebreos 9:25-26). Su muerte fue un evento de magnitud infinita con ramificaciones espirituales que se dirigen en toda dirección. En esa cruz, Dios encarnado murió nuestra muerte, "cargó con nuestros pecados...soportó nuestros dolores" (Isaías 53:4).

Jesús pudo salvarnos en la cruz porque fue ahí donde él hizo un glorioso intercambio, donde él tomó el lugar del pecador para que el pecador tomara el lugar de Cristo, "el justo por los injustos, para llevarnos a Dios" (1 Pedro 3:18). En la cruz, Jesús tomó la posición miserable del pecador y nosotros fuimos transferidos a la bendita posición que Jesús tenía ante el Padre como hijo amado, revestido en justicia.

Aunque era sin pecado, Jesús tomó el lugar del pecador en la cruz para ser "traspasado por nuestras rebeliones, y molido por nuestras iniquidades" (Isaías 53:5). La crucifixión de Jesús fue un ritual de purificación (Hebreos 1:3) y un sacrificio de expiación por el pecado (1 Juan 4:10). Colgado en el madero Jesús fue "hecho maldición" (Gálatas 3:13) y fue sacrificado como "el cordero de Dios que quita el pecado del mundo" (Juan 1:29).

En esas horas cuando el cielo se oscureció y "hubo oscuridad sobre toda la tierra...la tierra tembló y las rocas se partieron" (Mateo 27:45, 51). En esas horas el Hijo de Dios fue "herido, golpeado por Dios, y humillado" porque "el castigo, por nuestra paz, cayó sobre Él" (Isaías 53:4, 5). En esas horas, el Maestro crucificado recibió la justa ira de Dios contra el pecador (Salmos 5:5). Ahí Dios derramó su justo castigo sobre su precioso Hijo, un castigo reservado exclusivamente para el pecador.

Dios no tenía ninguna obligación de hacer este sacrificio de amor, sin embargo, "por el puro afecto de su voluntad" (Efesios 1:5), por que así lo decidió, Dios "no negó ni a Su propio Hijo, sino que lo entregó por todos nosotros" (Romanos 8:32).

La generosidad y el amor de Dios no tiene límite porque "difícilmente habrá alguien que muera por un justo, aunque tal vez alguno se atreva a morir por el bueno. Pero Dios demuestra su amor para con nosotros, en que siendo aún pecadores, Cristo murió por nosotros" (Romanos 5:7-8). Este es el evangelio, el mensaje de la cruz, el mensaje de la gracia de Dios en Cristo (Romanos 3:24-26).

Dedica tu vida a estudiar el evangelio

El evangelio es el mensaje principal de la Biblia, es el corazón del cristianismo y todo cristiano debería ser capaz de expresarlo. Lamentablemente, hay personas que han asistido a la iglesia toda su vida, y jamás han experimentado un verdadero conocimiento del evangelio de Jesucristo. Te invito a que dediques tu vida entera a contemplar el evangelio de tu salvación en toda su pureza, sencillez y gloria. Un niño puede creer el evangelio y ser salvo. Un ciego puede ver la gloria de Dios en el mensaje de la cruz. Y también un sordo puede escuchar en su corazón las palabras de Jesús diciendo: *"Hijo, tus pecados te son perdonados"* (Marcos 2:5). La vida cristiana es un constante rescate del Salvador. Es una mirada continua a la cruz para salvación.

―――――――――― RESUMEN DEL CAPÍTULO ――――――――――

En este capítulo aprendimos lo siguiente:

- Una iglesia saludable es una iglesia unida en su entendimiento y amor por el mensaje del evangelio. Es el evangelio lo que nos dirige a un amor sacrificial los unos por los otros, nos lleva a ser buenos miembros de la iglesia y a comprometernos a impulsar la vida y la santidad de nuestros hermanos.

- El evangelio es la proclamación de la gloria de Cristo, su costosa obra de salvación en la cruz, y su victoria en la resurrección. De principio a fin, el evangelio es un mensaje acerca de la persona de Jesús. Este mensaje se puede resumir en una frase: "El evangelio es el mensaje de que Jesús vivió, murió, y resucitó para salvar a los pecadores; si te arrepientes y crees en Jesús, Dios te salvará." Pero también se expresa en toda la Biblia de principio a fin.

- El evangelio bíblico se centra en la crucifixión de Jesús. Si bien la Biblia entera se trata de la gloria de Dios manifestada en su plan de salvación, el verdadero centro de este plan de salvación es la sangrienta muerte de Jesucristo en la cruz (1 Corintios 2:2).

Preguntas de Reflexión:

1. ¿Leí este capítulo completo?

   a. Sí
   b. No

2. ¿Cuál frase memorizamos para resumir el evangelio?

   _____
   _____
   _____
   _____

3. ¿Memorizaste la frase con exactitud?

   a. Sí
   b. No

4. ¿Qué significa la palabra "evangelio" y de qué idioma proviene?

   _____
   _____
   _____
   _____

5. ¿Qué versículo usarías para compartir el mensaje del evangelio y por qué?

   _____
   _____
   _____
   _____

ENTENDIENDO LA CONVERSIÓN

"Yo estimo como pérdida todas las cosas en vista del incomparable valor de conocer a Cristo Jesús, mi Señor. Por Él lo he perdido todo, y lo considero como basura a fin de ganar a Cristo."

FILIPENSES 3:8

Una iglesia saludable está formada por miembros que han sido convertidos por Cristo "de las tinieblas a su luz admirable" (1 Pedro 2:9). Los miembros de la iglesia no solo deben decir que son cristianos, ellos deben ser verdaderos cristianos. Deben ser genuinos discípulos del Señor Jesucristo. Si no, la membresía será solo una forma de engañarse a sí mismos y a los demás, escondiendo la triste realidad de un alma perdida y sin Cristo.

Definiendo la conversión

En este capítulo consideramos el tema de la conversión. Pero ¿Qué es la conversión? La conversión puede definirse de una manera sencilla como un cambio espiritual en el que alguien pasa de una vida entregada al pecado a una vida entregada a Dios.

Un autor define la conversión como: "El cambio decisivo que una persona experimenta a través de Jesucristo y mediante el poder del Espíritu Santo, de vivir entregado al pecado, al yo, y a Satanás, a vivir ahora entregado a Dios."[1]

---

1 Bruce A. Demarest, *The Cross and Salvation: The Doctrine of Salvation*, Foundations of Evangelical Theology (Wheaton, IL: Crossway Books, 1997), 249.

La conversión es una realidad espiritual profunda y se podría definir de manera más completa como:

"Un cambio de la mente y la voluntad corrompida hacia aquello que es bueno, producido por el Espíritu Santo mediante la predicación de la ley y el evangelio, seguido de un deseo sincero de producir frutos de arrepentimiento, y una conformidad de la vida a todos los mandamientos de Dios".[2]

Esa definición está basada en el lenguaje de Hechos 26:18-20, donde Pablo comparte su experiencia de conversión y cómo Jesús le dio la tarea de predicar a los gentiles el evangelio "para que les abras sus ojos a fin de que se conviertan de las tinieblas a la luz, y del dominio de Satanás a Dios, para que reciban, por la fe en Mí, el perdón de pecados" (Hechos 26:18).

Ese cambio espiritual o conversión lo produce Dios y se refleja en la manera en que la persona piensa, siente, habla, y actúa. La conversión se podría comparar a la experiencia de alguien ciego que ha despertado finalmente para ver la luz del día. El que se convierte ahora puede ver todas las cosas distintas porque Dios es real y palpable en su vida, y las cosas de Dios que antes repudiaba ahora son su deleite.

El peligro de estar engañado

Es muy común encontrar en iglesias a personas que se identifican como cristianos, pero no han sido rescatados "de las tinieblas a la luz, y del dominio de Satanás a Dios." Por lo tanto, no han recibido el perdón de pecados. Si esto no cambia, si esas personas no despiertan a la realidad de su perdición, serán tristemente sorprendidos en el juicio de Dios cuando sean condenados eternamente en el infierno.

Tal como Jesús predijo, "Muchos me dirán en aquel día: 'Señor, Señor, ¿no profetizamos en Tu nombre, y en Tu nombre echamos fuera demonios, y en Tu nombre hicimos muchos milagros?'. Entonces les declararé: 'Jamás los conocí; apártense de Mí, los que practican la iniquidad'" (Mateo 7:22-23).

---

2 Zacharias Ursinus and G. W. Williard, *The Commentary of Dr. Zacharias Ursinus on the Heidelberg Catechism* (Cincinnati, OH: Elm Street Printing Company, 1888), 469.

Examínate a ti mismo

Uno de los peligros espirituales más grandes en esta vida es tomar por sentado que eres cristiano y nunca examinarte a ti mismo para ver si estás en la fe. La Biblia ordena a los cristianos a esforzarse en reflexionar en su conversión de una manera profunda y personal. Tal como Pablo escribe a los cristianos en Corinto: "Pónganse a prueba para ver si están en la fe. Examínense a sí mismos. ¿O no se reconocen a ustedes mismos de que Jesucristo está en ustedes, a menos de que en verdad no pasen la prueba?" (2 Corintios 13:5).

Déjame hacerte una pregunta personal e incómoda ¿Cómo sabes que de verdad eres cristiano? ¿Cómo sabes que no estas simplemente engañado, y acostumbrado a la idea de que eres salvo? ¿Te imaginas el horror de morir y enfrentarte a la realidad del infierno, sabiendo nunca verás a Cristo como salvador? ¿Te imaginas ser uno de los autoengañados que quedarán por siempre apartados de Cristo? Aunque no lo quieras pensar, o creer que es posible, ese podría ser tu destino.

Señales de tu perdición o salvación

¿Cuáles son entonces algunas señales de que eres un cristiano genuino? ¿Cuáles son las señales o características que presenta alguien que es realmente salvo? Y ¿Cómo se distingue de alguien que dice ser cristiano, pero en realidad está perdido?

Ruego a Dios que el siguiente cuadro comparativo te sirva para examinar personalmente la autenticidad de tu conversión:

EXAMINA TU CONVERSIÓN	
Señales de que aun estás perdido	Señales de que has sido convertido
1. Jesús te agrada, pero no al punto de adorarlo. Lo ves como alguien respetable y quizás bueno y sabio, pero no como el preciado Señor y Salvador de tu alma.	1. Adoras a la Persona de Jesús con todo tu corazón. Cada vez aprecias más la hermosura y gloria de Jesús como tu Señor y Salvador.

41

2. No tienes deseos de conocer más profundamente a Jesús.

2. Conocer personalmente a Jesús más y más es la pasión de tu vida.

3. Eres indiferente o apático ante el pecado. Por ejemplo, te sientes cómodo cuando sabes que has dicho mentiras a tu familia o en tu trabajo. Cuando has practicado inmoralidad sexual, o cuando estás enemistado con alguien.

3. Te sientes devastado por el pecado. Te avergüenza haber fallado al Señor aun en los pecados más cotidianos. Odias el pecado.

4. No tienes un fuerte deseo de crecer en obediencia en todo lo que enseña la Biblia.

4. Tienes un fuerte deseo de conformar toda tu vida en obediencia a la Palabra de Dios.

5. Nunca has experimentado el alivio, consuelo y paz que viene de poner toda tu confianza en Cristo para el perdón de tus pecados. La forma de lidiar con tu culpa no es acudir a Cristo sino aceptar algún castigo, hacer buenas obras, o dejar que el tiempo pase.

5. Sabes lo que significa recibir el perdón de Dios al confiar en Cristo. Has experimentado la paz, la pureza y el gozo que se siente cuando tu culpa, tu vergüenza y tu maldad es lavada por fe en la sangre del Cordero de Dios que fue inmolado en la cruz.

6. Cuando entras en una situación de enemistad con alguien no sientes una necesidad urgente de pedir perdón y perdonar.

6. Sientes un deseo continuo y creciente de perdonar como Cristo te perdonó, y de estar en paz con tu prójimo.

7. No tienes amor por el pueblo de Dios. Te sientes más a gusto con incrédulos o con falsos cristianos que con cristianos sinceros que buscan crecer en amor y obediencia a Cristo.

7. Amas a tus hermanos en Cristo y anhelas pasar tiempo con ellos.

8. Te importa más la opinión de los incrédulos que tu

8. Ves tu identificación pública con Cristo como uno de los pri-

identificación con Cristo. Te avergüenzas constantemente de confesar públicamente a Cristo.

9. Te sientes a gusto con el mundo. Te agrada la vanidad de las cosas materiales, las pasiones desenfrenadas, y ambicionas posesiones y logros terrenales sin pensar en la eternidad.

10. Tu prioridad no es agradar a Dios. No sabes lo que significa desear la santidad personal. Tus prioridades están en otra parte. Puede ser tu familia, puede ser tu trabajo, o puede ser tu futuro. Pero no ambicionas santidad.

11. Tu vida espiritual está llena de responsabilidades y tradiciones religiosas, pero vacía de la persona de Jesucristo.

12. Ves la vida de la misma manera que la veías cuando eras un incrédulo.

13. No tienes un estilo de vida de arrepentimiento. Quizás sientes que eres suficientemente bueno. O quizás sientes que fue suficiente hacer una decisión en el pasado. Pero tu presente no se describiría como una vida de arrepentimiento de tus pecados y fe en Cristo.

vilegios más grandes de tu vida. Quieres que todos sepan que tu vida le pertenece a Cristo

9. Estás perdiendo cada vez más tu amor por las cosas pasajeras que el mundo ofrece. Tu amor por la gloria de Dios está incrementando y tu mayor deseo es agradar a Dios y hacer su voluntad.

10. Tu pasión más grande en la vida es crecer más y más en agradar a Dios en todo lo que piensas, dices, haces, y sientes. Ruegas a Dios que te ayude a vencer tus pecados y crecer en santidad.

11. Tu vida espiritual se centra en conocer y seguir a Jesús. Sin Jesús nada tiene sentido.

12. Todo ha cambiado para ti. Todas las cosas comienzan a tener sentido sólo si están relacionadas con Dios.

13. El Espíritu Santo te confronta con tu pecado constantemente. Vives un estilo de vida marcada por humildad, fe en Cristo, y arrepentimiento del pecado.

14. Tu vida no demuestra frutos de conversión genuina. Peleas constantemente sin pedir perdón. No tienes humildad. Estas lleno de orgullo. Criticas, exiges, te enojas, y vives corrigiendo a los que están a tu alrededor. Te estás quedando sin amigos.	14. La humildad, la amabilidad, la mansedumbre, la paz, el amor y el gozo son características que se van notando cada vez más en tu vida. Buscas servir en vez de criticar, y ayudar en vez de exigir. Las personas de la iglesia te aprecian y aman cada vez más..

El gran cambio de Martín Lutero

Podemos ver la conversión genuina ilustrada en el gran cambio que experimentó Martín Lutero, el reformador alemán. Antes de su conversión, Martín Lutero fue un hombre profundamente infeliz, hundido en su miseria espiritual. Ni siquiera la rigurosa agenda monástica de confesiones, penitencia, cánticos y oraciones podía aliviar sus penas espirituales. Nadie desearía vivir en la tristeza, frustración y vacío que el monje alemán vivió. Recordando esta época Lutero dijo, "Como monje llevé una vida irreprochable. Sin embargo, sentí que era un pecador ante Dios. Mi conciencia estaba inquieta ...No solo no amaba [a Dios], sino que en realidad odiaba al Dios justo..."[3]

¿Qué esperanza abría para este desdichado monje? Cuando Dios decidió salvarlo, Lutero estudio las Escrituras y encontró en ellas la única esperanza para un pecador atormentado. En la carta a los Romanos Lutero descubrió el evangelio de salvación. Él descubrió que toda la justicia humana que estuvo buscando construir por sus propias fuerzas como monje (una justicia que era imposible conseguir, Romanos 3:20) Dios la ofreció como un regalo gratuito en la cruz de Cristo (Filipenses 3:9). Ésta es la justicia de Dios que se obtiene por la fe en Cristo, porque "el justo por la fe vivirá" (Romanos 1:17). Al creer este evangelio bíblico, toda su impotencia, frustración y fracaso

---

3 Estas palabras fueron escritas por Lutero en 1545 en el Prefacio de la edición de Wittenberg de sus obras mientras relataba su experiencia de llegar a conocer el evangelio bíblico. Citado en: *Uuras Saarnivaara, Luther Discovers the Gospel: New Light upon Luther's Way from Medieval Catholicism to Evangelical Faith* (Eugene, OR: Wipf and Stock Publishers, 2003), 35.

encontró alivio al refugiarse en la persona y obra de Jesucristo.

Una vez, cerca del anochecer, llegaron volando al jardín de Lutero dos pájaros, e hicieron un nido en él, pero los que pasaban a menudo los asustaban: entonces, Lutero dijo, "¡oh, amados pájaros lindos! no huyan volando; Yo estoy muy contento con ustedes, si tan solo pudieran confiar en mí." Así pasa con nosotros, no podemos confiar en Dios, quien, sin embargo, nos muestra y nos desea siempre el bien.[4]

Lutero también se convirtió en un amoroso esposo y un padre lleno de alegría. En sus cartas, Lutero escribe a su familia siempre jugando e intentando provocar una sonrisa. Por ejemplo, mientras intenta calmar la ansiedad de su esposa mientras él estaba de viaje Lutero le escribió en tono gracioso,

Ayer, sin duda alguna por tu ansiedad, una gran piedra estuvo cerca de caer sobre mi cabeza y aplastarme como un ratón en una trampa...pero afortunadamente los queridos ángeles me protegieron. Me temo que si no dejas de preocuparte, la tierra misma nos tragará y todos los elementos nos perseguirán ... ¡Ora, y deja que Dios sea el que preocupe por mí! Porque se dice en el Salmo 55:22 y en muchos otros lugares: 'Echa tu carga sobre Jehová, y él te sustentará.'[5]

En otra ocasión, Lutero escribió graciosamente a su pequeño hijo Hans con gran imaginación motivándolo a orar y portarse bien,

Estoy muy feliz de saber que estás estudiando y haciendo tus oraciones con diligencia. Continúa haciéndolo, mi pequeño . . . Conozco un hermoso jardín, donde hay un grupo de niños, todos vestidos con chaquetas doradas. Recogen manzanas grandes debajo de los árboles, también peras, . . . y cantan y brincan y se divierten . . . Le pregunté al hombre a quién pertenecía el jardín, de quién eran estos niños. Y dijo: "Estos son los niños que aman orar y aprender sus lecciones y son buenos." Entonces le dije: "Estimado, yo también tengo un hijo, se llama el pequeño Jack Lutero; ¿No podría también él venir al jardín y comer manzanas y peras tan finas, montar en estos bonitos ponis y jugar con los niños? Y el hombre me dijo: "Si le encanta orar y estudiar, y se porta bien, puede hacerlo . . .

---

4 Relatado en el *"Tabletalk"* titulado *"De las obras de Dios."* Martin Luther and Antonius Lauterbach, *The Familiar Discourses of Dr. Martin Luther,* ed. Joseph Kerby, trans. Henry Bell, New Edition. (Lewes; London: Sussex Press; John Baxter; Baldwin, Cradock, and Joy; H. Mozley, 1818), 41.

5 Luther, *Luther Primer,* 144–145.

> Entonces le dije al hombre: "Mi querido señor, debo apresurarme ahora y escribir todo esto a mi querido pequeño Hans, y decirle siempre que ore, estudie y sea bueno, para que él también pueda entrar en este jardín.[6]

¿Cómo pudo un triste y afligido monje, peleado con la vida y aterrado ante Dios, súbitamente volverse un hombre plenamente feliz, lleno de luz, gozo y esperanza, aun en medio de sus muchísimas tribulaciones y amenazas? ¿Cómo Lutero se volvió un hombre libre lleno de amor y valentía, aun cuando imperios enteros se levantaron contra él? La respuesta está en que Lutero fue rescatado y la dulzura del evangelio despertó su apagado corazón. Eso es lo que significa la conversión. Eso es lo que hace el poder transformativo de Jesús en la vida de un pecador.

¿Qué es entonces la conversión genuina?

La conversión genuina es la irreversible transformación espiritual que experimenta un pecador salvado por el Dios trino: Padre, Hijo y Espíritu Santo. La conversión sucede cuando una persona que escucha el evangelio es regenerada, y con su nuevo corazón responde desechando su vida de pecado (arrepintiéndose) y aferrándose con fe y humildad a Jesús como Señor y salvador. Tenemos entonces estos cuatro elementos:

1. La predicación del evangelio: escuchar la predicación del evangelio es necesario para la conversión del pecador. "Así que la fe viene del oír, y el oír, por la palabra de Cristo" (Romanos 10:17).

2. La regeneración (el nuevo nacimiento): Para que el pecador sea convertido el Espíritu Santo debe hacerlo nacer de nuevo. Jesús dijo "Tienen que nacer de nuevo" (Juan 3:7).

3. El arrepentimiento: Cuando el pecador es regenerado (nacido de nuevo) por el poder del Espíritu, Dios usa su Palabra para llevar al pecador al arrepentimiento. "Debe reprender tiernamente a los que se oponen, por si acaso Dios les da el arrepentimiento que

---

6 Luther, *Luther Primer*, 144–145.

conduce al pleno conocimiento de la verdad" (2 Timoteo 2:25).

4. La fe en Cristo: Cuando Dios convierte al pecador de la muerte a la vida, él le otorga la fe que necesita para ver a Cristo como el glorioso y único salvador. "Para que todo aquel que cree, tenga en Él vida eterna" (Juan 3:15).

Podemos ver ilustrada la conversión bíblica en Lidia, a quien "el Señor abrió su corazón para que recibiera lo que Pablo decía" (Hechos 16:14). También podemos verla ilustrada en Zaqueo, el recaudador de impuestos, ladrón y estafador que, escuchando con fe las amorosas palabras de Jesús, se arrepintió de sus pecados y le dijo a Jesús: "Señor, la mitad de mis bienes daré a los pobres, y si en algo he defraudado a alguien, se lo restituiré cuadruplicado" (Lucas 19:8).

La conversión es un milagro efectuado por la gracia soberana de Dios de principio a fin. Cada vez que alguien escucha el evangelio, que nace de nuevo, que se arrepiente de sus pecados y cree en el evangelio para salvación es Dios el que debe recibir toda la gloria por convertir a un pecador de las tinieblas a su luz admirable.

La dulzura del evangelio verdadero

Hace un tiempo atrás, al final de una clase de membresía en la iglesia, leí un hermoso testimonio de salvación de una hermana que estaba tomando la clase. Cuando leí su testimonio, no pude contener mis lagrimas. Dios realmente había transformado su vida y la había llenado de la dulzura del evangelio verdadero. Jesucristo la rescató. Estas son sus palabras:

> Recuerdo que acompañaba a mi madre a la iglesia desde la niñez. Pero lo hacía porque era obligatorio obedecerle. Yo no conocía realmente a Dios ni entendía el evangelio. Esto causo un vacío en mi corazón que me llevó a alejarme de la iglesia al cumplir la mayoría de edad.

> Cuando supe que estaba embarazada, decidí acercarme otra vez a la iglesia porque quería ser un ejemplo para mi hija. Pero no quería dejar mi vida de perdición. Pensaba que estaría renunciando a mucho, porque aún no conocía el amor puro del Señor y la alegría de tenerlo dentro de mi cora-

zón.

Hoy entiendo que soy y continuaré siendo una pecadora, pero antes de que yo aceptara a Jesús en mi corazón, era una persona bastante arrogante. Desde los trece años consumía substancias ilícitas y me embriagaba. No era una hija honorable, ni una esposa honorable. Enaltecía la educación, el dinero, y las posesiones como ídolos en mi vida. Y tenía muchos amigos que aprobaban de este personaje mío.

Yo estaba completamente perdida. Estaba dentro de una depresión profunda que no hallaba el fin. En medio de mi oscuridad decidí hacer algo diferente y radical. Comencé a hablar con Dios otra vez, y le pedí su ayuda, y le pedí que me perdonara. Estaba estancada en un abismo oscuro, y sentía en mi corazón que solamente Dios podía tomar este dolor y angustia dentro de mí. Empecé a buscar alivio en el Libro de la Vida, en la Biblia, y mi corazón frío comenzó a sentir un calor amoroso.

Entre finales del 2018 y el comienzo del 2019, el mensaje de Dios se hizo claro para mí en la iglesia. Comprendí que no importa cuán monstruosa me viera a mí misma, Jesús tomó mis pecados y derramó su sangre por mí. Él hizo el máximo sacrificio de amor, y se merece que yo lo honre y lo glorifique porque lo ha dado todo por mí cuando yo no lo merecía.

Hoy en día yo no tengo amigos fuera de esta congregación, no estoy económicamente bien, y ni siquiera tengo una casa propia. Pero desde que acepté a Cristo tengo abundante esperanza y un corazón lleno de amor. Yo ya no tengo que cargar con mis problemas sola. Porque Cristo los carga por mí. Yo soy una hija de Dios.

RESUMEN DEL CAPÍTULO

En este capítulo aprendimos lo siguiente:

- Una iglesia saludable está formada por miembros que han sido genuinamente convertidos por Cristo "de las tinieblas a su luz admirable" (1 Pedro 2:9).

- Comprender la conversión bíblicamente significa entender que una persona no puede cambiarse a sí mismo (Jeremías 13:23), pero puede ser cambiada por Cristo (Lucas 18:27). Cuando alguien viene a Cristo es transformado por el Espíritu Santo de tal manera que su corazón, su identidad, y toda su vida se ve afectada por el poder del evangelio. Su conducta cambiará e inevitablemente manifestará frutos de arrepentimiento (Mateo 3:8).

- La conversión sucede cuando una persona que escucha el evangelio es regenerada y responde desechando su vida de pecado (arrepintiéndose) y aferrándose con fe y humildad a Jesús como Señor y salvador.

Preguntas de Reflexión:

1. ¿Leí este capítulo completo?

   a. Sí
   b. No

2. En la sección titulada "¿Qué es entonces la conversión genuina?" se mencionaron cuatro elementos de una conversión cristiana ¿Cuáles son estos cuatro elementos?

   _____

   _____

   _____

   _____

3. Después de meditar sobre el tema de la conversión, ¿Crees tú que has experimentado una conversión cristiana genuina? ¿Por qué lo crees?

   _____

   _____

   _____

   _____

REFLEXIONANDO EN TU TESTIMONIO DE SALVACIÓN

"Pónganse a prueba para ver si están en la fe. Examínense a sí mismos.
¿O no se reconocen a ustedes mismos de que Jesucristo está en ustedes,
a menos de que en verdad no pasen la prueba?"

2 CORINTIOS 13:5

Si sientes que no estás seguro de qué significa ser salvo o tener seguridad de salvación, no te sientas presionado a llenar las páginas de este capítulo. Simplemente elige la opción (a) y caminaremos contigo personalmente en tu propio ritmo para que conozcas más sobre cómo puedes conocer y seguir a Jesús como tu Señor y Salvador personal.

Elige una de estas opciones antes de continuar

1. Deseo conocer a Jesús como mi salvador de una manera personal. Al elegir esta opción estoy comunicando que no estoy seguro de mi salvación y estoy dispuesto a tener un estudio bíblico para conocer el evangelio de una manera más personal.

2. Yo estoy seguro de mi salvación. Jesús murió en la cruz por mí y me salvó de mis pecados. Quiero contarte mi historia de salvación.

CUÉNTANOS TU TESTIMONIO

Puedes usar este papel para contarnos tu testimonio, o tu propio cuaderno, o escribirlo en computadora y enviarlo al correo electrónico del maestro de esta clase.

1. ¿Cómo describirías tu relación con Dios y con tu prójimo antes de tu conversión? ¿Cómo era tu vida antes de ser salvado por Jesucristo?

_____
_____
_____
_____
_____
_____
_____
_____
_____
_____

2. ¿Cómo llegaste a entender, confiar y abrazar sinceramente el evangelio de Jesucristo, crucificado y resucitado por tus pecados?

_____
_____
_____
_____
_____
_____
_____
_____
_____

3. Lo más importante que deseamos saber es si conoces y crees en el evangelio bíblico y verdadero de una forma personal. Por lo tanto, quisiera que tomaras un tiempo para hablar del mensaje de la cruz. ¿Qué es para ti el mensaje de salvación bíblico? ¿Por qué Jesús murió en la cruz?

_____
_____
_____

_____

_____

_____

_____

_____

_____

_____

4. ¿Cómo cambió tu relación con Dios y con el prójimo después tu conversión? ¿Cómo tu salvación cambió la forma en que vivías? ¿Qué frutos Dios ha producido en tu vida?

_____

_____

_____

_____

_____

_____

_____

_____

_____

5. Finalmente, cuéntanos brevemente cuál ha sido tu involucramiento con otras iglesias, denominaciones o religiones. ¿Has cambiado de iglesias por problemas personales con alguien que se quedaron sin solucionar? ¿Has sido disciplinado en alguna iglesia o te han pedido que no regreses?

_____

_____

_____

_____

_____

_____

_____

_____

6. ¿Vienes de alguna otra iglesia y deseas que nos contactemos con tus pastores anteriores? Queremos hacerles saber que estas uniéndote a nuestra congregación para que no estén preocupados por ti. Si así lo deseas dinos el nombre de tu iglesia y algunos datos que nos ayuden a contactarnos con ella.

_____

_____

_____

_____

_____

REFLEXIONA EN EL TEMA DEL BAUTISMO

¿Te has bautizado bíblicamente? Un bautismo cristiano debe ser un testimonio público de fe en Cristo en el que un verdadero creyente es sumergido en las aguas en el nombre del Padre, Hijo y Espíritu Santo, en una congregación que afirma el evangelio verdadero. El siguiente ejercicio te ayudará a meditar en cada uno de estos elementos de forma personal. Elige la opción que mejor describa tu situación:

1. ¿Fuiste bautizado como un testimonio público de fe en Cristo? Jesús dijo: "A cualquiera, pues, que me confiese delante de los hombres, yo también le confesaré delante de mi Padre que está en los cielos. Y a cualquiera que me niegue delante de los hombres, yo también le negaré delante de mi Padre que está en los cielos" (Mateo 10:32-33). ¿Te has bautizado para hacer tu fe en Cristo pública?

   a. Sí, me bauticé como un testimonio público de mi fe.

   b. No, no he confesado públicamente a Cristo como mi único Señor y salvador a través del bautismo, necesito bautizarme.

2. ¿Fuiste bautizado después de haber sido un verdadero creyente? Es decir, cuando te bautizaron ¿Habías nacido de nuevo? ¿O sólo tenías deseos de seguir a Dios, pero aún no entendías el evangelio

bien para confiar en Cristo como tu salvador? Algunas veces personas se bautizan sin haber sido genuinamente salvadas y después de un tiempo (incluso varios años) experimentan salvación en Cristo ¿Fue esa tu experiencia? Si es así, deberías bautizarte.

a. Sí, fui bautizado ya siendo un cristiano verdadero. Reconozco que ya había puesto mi confianza en Jesucristo para mi salvación y había experimentado conversión genuina (Si desea saber más sobre la conversión vuelva a leer el capítulo anterior).

b. No, no fui bautizado siendo un cristiano verdadero, necesito bautizarme. (Elige esta opción si nunca te han bautizado, o si te bautizaron cuando aún no habías experimentado una conversión genuina. Si tienes dudas de si eras o no un verdadero cristiano en el momento que te bautizaron conversa con los pastores sobre el tema durante la semana.

3. ¿Fuiste bautizado por inmersión? Es decir, cuando te bautizaron ¿Fuiste sumergido en las aguas, o usaron otro método para bautizarte? (algunos otros métodos de bautismo son "aspersión" donde se salpica un poco de agua en la cabeza, o "ablución" donde se derrama agua sobre la cabeza. En ninguno de ellos la persona se sumerge completamente en el agua).

a. Sí, fui bautizado por inmersión.

b. No fui bautizado por inmersión, necesito bautizarme.

4. ¿Fuiste bautizado en el nombre del Padre, Hijo y Espíritu Santo? Algunas sectas bautizan sólo en el nombre de Jesús. Esto parece un detalle sin importancia, pero revela el tipo de fe en el que fuiste bautizado y te identificaste. Si esa fe niega la doctrina de la trinidad, entonces no es una fe cristiana.

a. Sí, fui bautizado en el nombre del Padre, Hijo y Espíritu Santo.

b. No fui bautizado en el nombre del Padre, Hijo y Espíritu Santo, necesito bautizarme.

5. ¿Fuiste bautizado en una congregación que afirma el evangelio verdadero? Algunas personas fueron bautizadas por inmersión después de haber sido un verdadero creyente, pero fueron bautizados en una congregación que niega el evangelio bíblico. Esto es importante porque al bautizarte te identificas no sólo con Jesús sino también con la congregación en la que te bautizas y te unes, si esa congregación fue, por ejemplo, católica, adventista, o testigo de Jehová, entonces fuiste bautizado en una fe que niega el evangelio bíblico. Por eso esta pregunta es importante: ¿Fuiste bautizado en una congregación que afirma el evangelio verdadero?

a. Sí, fui bautizado en una congregación que afirma el evangelio verdadero.

b. No fui bautizado en una congregación que afirma el evangelio verdadero, necesito bautizarme.

Finalmente, elige una de estas opciones antes de continuar

1. Deseo tomar la decisión de bautizarme en esta iglesia para obedecer y honrar a Jesús bíblicamente. Al elegir esta opción estoy comunicando mi deseo de tomar una clase de bautismo y luego bautizarme.

2. Tengo la convicción de que ya me he bautizado bíblicamente y por eso no necesito bautizarme. También acepto y estoy de acuerdo en que el bautismo, cuando es un bautismo bíblico, debe hacerse una sola vez en la vida.

INVOLÚCRATE EN EL MINISTERIO

Imagina una iglesia donde todos los miembros sin excepción constantemente oran unos por otros, se llaman y visitan unos a otros, y se hablan palabra de ánimo y consuelo bíblico. Esos miembros son una familia y están ahí para ayudarse y apoyarse en momentos de dificultad. Esos miembros reflejan ante un mundo incrédulo que el poder de Dios en Cristo es real. Esta es la comunidad que imaginaba el apóstol Pablo cuando escribió:

> Que la paz de Cristo reine en sus corazones, a la cual en verdad fueron llamados en un solo cuerpo; y sean agradecidos. Que la palabra de Cristo habite en abundancia en ustedes, con toda sabiduría enseñándose y amonestándose unos a otros con salmos, himnos y canciones espirituales, cantando a Dios con acción de gracias en sus corazones. Y todo lo que hagan, de palabra o de hecho, háganlo todo en el nombre del Señor Jesús, dando gracias por medio de Él a Dios el Padre (Colosenses 3:15-17).

Todos los santos deben estar capacitados para la obra del ministerio, para la edificación del cuerpo de Cristo (Efesios 4:11-12). Una iglesia saludable es una iglesia que tiene cada vez menos espectadores. Los espectadores pertenecen a los eventos, juegos deportivos, teatros, y conciertos. La iglesia no es un lugar para tener espectadores. La iglesia es una familia saludable donde todos contribuyen, y todos nos cuidamos unos a otros con amor sacrificial.

Con el propósito de ayudarte a pensar y orar sobre una forma de servir en la iglesia te presentamos esta lista de opciones de ministerio que son comunes en las iglesias. Elige sólo aquellas oportunidades de ministerio en las que realmente deseas servir en la iglesia. Puedes elegir varias opciones.

Ministerios de la Palabra

a. Involucrarme ayudando al ministerio de hombres.

b. Involucrarme ayudando al ministerio de mujeres.

c. Comenzar a capacitarme para llegar a servir en consejería bíblica.

d. Ser capacitado para servir enseñando clases de bautismo.

e. Ser capacitado para servir con un grupo pequeño.

f. Recibir y luego liderar un discipulado personal.

g. Participar en evangelismo bajo la guía de la iglesia.

Ministerio de comunicaciones

a. Ser capacitado para ayudar a grabar los servicios de adoración.

b. Ser capacitado para ayudar en los elementos visuales del servicio (Power Point).

c. Ser capacitado para ayudar a controlar el sistema de sonido en los ensayos de música y los servicios.

d. Ayudar a publicar contenido de la iglesia en las redes sociales.

Ministerio de Bienvenida

a. Abrir puertas a todos los asistentes.

b. Servir en la bienvenida.

c. Guiar a visitantes nuevos a sus asientos o responder sus preguntas.

d. Ayudar con la decoración de la iglesia bajo la supervisión de líderes.

Ministerio de Niños y Jóvenes

a. Ser capacitado para ayudar en la guardería para bebés.

b. Ser capacitado para ayudar en el ministerio de Niños pequeños (Prescolar).

c. Ser capacitado para ayudar en el ministerio de Niños mayores.

d. Ser capacitado para ayudar en el ministerio de jóvenes (Preparatoria o secundaria)

Ministerio de Adoración Musical

a. Hacer una audición para servir en voces

b. Hacer una audición para servir en piano

c. Hacer una audición para servir en bajo

d. Hacer una audición para servir en guitarra

e. Hacer una audición para servir en percusión

f. Otros instrumentos

g. Tengo deseo de aprender algún instrumento para servir en la iglesia.

Ministerio de Benevolencia

a. Me comprometo a sostener a la iglesia en oración.

b. Ayudar con transporte en ocasiones especiales.

c. Visitar y cuidar de hermanos nuevos o hermanos en dificultades.

d. Ministerio de ánimo y oración para con misioneros.

e. Ayudar bajo el liderazgo de la iglesia a personas con necesidades variadas.

Siéntete libre de agregar algún área de servicio nueva que no hemos mencionado:

_____

_____

_____

_____

La Iglesia

PARTE 1

La Iglesia verdadera es aquella que conoce, proclama, celebra y vive el evangelio bíblico. Las marcas más importantes de una Iglesia verdadera son su fe bíblica, sus ordenanzas y su santidad.

Capítulo Cuatro: Sesión de Clase

NUESTRA IGLESIA LOCAL ES PROTESTANTE

"Y a él sea la gloria en la iglesia y en Cristo Jesús por todas las edades, por los siglos de los siglos. Amén."

EFESIOS 3:21

Nuestra iglesia local es simple y llanamente un grupo particular de discípulos de Jesús que desean seguirle fielmente de acuerdo con las Sagradas Escrituras. ¿Pero cómo se le llama a una iglesia que está siendo bíblica y fiel a Jesús?

En este capítulo deseamos que aprendas un vocabulario histórico y teológico que te ayude a entender mejor quienes somos como iglesia. En las siguientes semanas usaremos tres categorías grandes para describir quienes somos como iglesia:

1. Somos una iglesia protestante.
2. Somos una iglesia protestante que es bautista.
3. Somos una iglesia protestante que es bautista con una cultura reformada.

En este capítulo nos concentraremos en la primera categoría (protestante). La siguiente semana explicaremos la segunda (bautista) y la tercera (reformada). Para entender bien la afirmación de que somos una iglesia protestante es necesario entender las tres grandes ramas históricas del cristianismo.

Estadísticamente el cristianismo es la religión más grande de todo el mundo. Dentro de estas estadísticas, sin embargo, se pueden distinguir las tres grandes ramas del cristianismo: iglesias católicas, iglesias ortodoxas orientales e iglesias protestantes. Nuestra iglesia pertenecería a la rama protestante del cristianismo.

La regla de las cuatro patas

Antes de explicar las enseñanzas de las tres ramas del cristianismo quiero dejar un recurso en tus manos para ayudarte a discernir entre el error y la verdad en las diferentes iglesias que conozcas. Para que te sea memorable, vamos a llamar esta herramienta "la regla de las cuatro patas."

Imagina que hay una larguísima y pesadísima mesa que se ha mantenido en pie por miles de años. Esta mesa pesa muchas toneladas y tiene solo cuatro patas. Si una de ellas es destruida, toda la mesa se desplomará violentamente.

Así mismo, la iglesia está sostenida principalmente por cuatro verdades esenciales. Si aprendes estas cuatro verdades esenciales serás un cristiano con discernimiento, que sabe detectar si una iglesia es verdaderamente de Cristo o se ha desviado de la fe.

1. La Biblia ¿Cuál es la fuente en que ellos basan sus creencias? La Palabra de Dios es la única fuente confiable, infalible, autoritativa y perfecta para determinar si nuestras creencias y prácticas son correctas. Dios ha revelado su voluntad en las Sagradas Escrituras (39 libros del Antiguo Testamento y 27 libros del Nuevo Testamento). Si un grupo basa su fe en meras tradiciones humanas, líderes, visionarios y otros supuestos libros proféticos o divinamente inspirados fuera de la Biblia, tal grupo demuestra estar desviado.

2. Dios trino ¿Cómo ellos describen la identidad de Dios? Cualquier grupo que niegue al Dios bíblico ha negado la fe cristiana. Presta atención si estos grupos niegan la Trinidad (que Dios es Padre, Hijo y Espíritu Santo. Un solo Dios en tres personas.), si conciben a Dios como impersonal, o limitado en poder, soberanía, eternidad, inmutabilidad u omnipresencia.

3. El salvador ¿Cómo ellos describen la identidad de Jesucristo? Cualquier grupo que distorsione al Cristo bíblico ha negado la fe cristiana. ¿Cuál es la identidad de Cristo? Cristo es Dios eterno, la segunda persona de la Trinidad, encarnado y concebido por el Espíritu Santo en el vientre de la virgen María. Él es verdadero Dios y hombre. Vivió sin pecado, hizo muchos milagros y sanidades, murió en la cruz por nuestros pecados, resucitó al tercer día, ascendió a los cielos y pronto volverá físicamente y en gloria a establecer su reino. Cualquier iglesia que niegue alguna de estas verdades ha distorsionado la identidad bíblica de Cristo.

4. La salvación ¿Cuál es su definición del evangelio? El evangelio promete salvación gratuita mediante la fe en Cristo. La salvación es sólo en Cristo, sólo por gracia y sólo por fe. Muchos son los que corrompen el evangelio al añadirle algo o quitarle algo. Mantente atento, distorsionar el evangelio es desechar la fe cristiana.

Estas son las cuatro patas que sostienen la mesa. Son las cuatro columnas que mantienen en pie a una iglesia verdadera. Si alguna de estas columnas cae, la iglesia entera cae del cristianismo bíblico, y debes huir de ella.

Ten cuidado con cualquier grupo que corrompa alguna de estas cuatro verdades. Cada vez que estudies o escuches lo que enseña una iglesia hazte esas cuatro preguntas.

Aplicando "la regla de las cuatro patas" a las ramas del cristianismo

Si aplicamos cuidadosamente la regla de las cuatro patas a las tres grandes ramas de cristianismo nos daremos cuenta de que la iglesia protestantes se mantiene firme en todas ellas. La iglesia protestante sigue fiel al cristianismo bíblico.

Las iglesias católicas romanas y las iglesias ortodoxas del oriente han destruido dos patas de la mesa (la primera y la cuarta) y se han desplomado. Se desviaron en su forma de someterse a la autoridad de la Biblia como la única palabra de Dios infalible y también en su definición del evangelio de salvación. Ellos no mantienen un cristianismo bíblico. Ante los ojos de Dios, ellas no son verdaderamente iglesias de Jesucristo. Ellos se han desviado de la fe.

Esto no quiere decir que no hay verdaderos cristianos dentro de las iglesias católicas y ortodoxas del oriente. Estoy seguro de que hay personas dentro de esas iglesias que han puesto toda su fe en Cristo para su salvación y el perdón de sus pecados, y que leen la Biblia como la única palabra infalible de Dios. Sin embargo, estos cristianos, aunque estén dentro de iglesias desviadas, no siguen o creen lo que estas iglesias desviadas enseñan. Las instituciones están desviadas, aunque los creyentes individuales varían en sus convicciones.

Hay una ultima aclaración que deseo hacer. Las iglesias católicas y las iglesias ortodoxas orientales son instituciones que aun se mantienen dentro de la "tradición" o "cultura" cristiana (la cristiandad) porque mantienen un entendimiento bíblico de quién es Jesucristo y quién es el verdadero Dios. Las sectas, por otro lado, se mantiene fuera de la "tradición" cristiana. Las sectas son realmente otras religiones completamente distintas al cristianismo bíblico.

Las Sectas

Ten especial cuidado de las sectas que se autodenominan "cristianas." Las sectas son grupos que se reúnen alrededor de falsas enseñanzas que destruyen la esencia del cristianismo. El respetado apologeta cristiano Josh McDowell define a las sectas de la siguiente manera: "Una secta es una perversión, una distorsión del cristianismo bíblico o un rechazo de las enseñanzas históricas de la iglesia cristiana."[1] El erudito en sectas y religiones Walter Martin provee otra definición de lo que es una secta: "una secta es un grupo de personas reunidas alrededor de una persona específica o alrededor de su malinterpretación de la Biblia."[2]

Aunque se llamen a sí mismos "cristianos," las sectas son iglesias

---

1 Josh McDowell y Don Steward, *Handbook of Today's Religions* (Nashville, TN: Thomas Nelson Publisher, 1983), 17.

2 Walter R. Martin, *The Kingdom of the Cults, Revised and Expanded Edition* (Grand Rapids, MI: Bethany House, 2019), 17.

falsas condenadas por Dios mismo en su Palabra (Romanos 16:17-18; 1 Tim 1:18-20; 6:3-5). Algunos ejemplos de sectas populares son:

- Testigos de Jehová
- Adventistas del Séptimo día
- Mormones (La Iglesia de Jesucristo de los Santos de los
- Últimos Días)
- Y muchas otras más.

Las tres grandes ramas del cristianismo

Consideremos ahora con más detalle las tres grandes ramas del cristianismo una por una. Comenzaremos considerando brevemente las enseñanzas de la Iglesia Católica Romana y la Iglesia Ortodoxa Oriental, y luego nos extenderemos más en comprender qué creencias marcan a una iglesia protestante.

Las tres grandes ramas del cristianismo

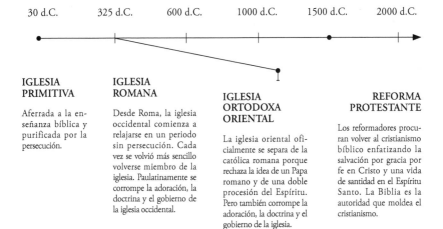

30 d.C.   325 d.C.   600 d.C.   1000 d.C.   1500 d.C.   2000 d.C.

IGLESIA PRIMITIVA

Aferrada a la enseñanza bíblica y purificada por la persecución.

IGLESIA ROMANA

Desde Roma, la iglesia occidental comienza a relajarse en un periodo sin persecución. Cada vez se volvió más sencillo volverse miembro de la iglesia. Paulatinamente se corrompe la adoración, la doctrina y el gobierno de la iglesia occidental.

IGLESIA ORTODOXA ORIENTAL

La iglesia oriental oficialmente se separa de la católica romana porque rechaza la idea de un Papa romano y de una doble procesión del Espíritu. Pero también corrompe la adoración, la doctrina y el gobierno de la iglesia.

REFORMA PROTESTANTE

Los reformadores procuran volver al cristianismo bíblico enfatizando la salvación por gracia por fe en Cristo y una vida de santidad en el Espíritu Santo. La Biblia es la autoridad que moldea el cristianismo.

Iglesia Católica Romana

La Iglesia católica romana ha sostenido enseñanzas muy diversas y contradictorias en su historia y en la actualidad.[3] Sin embargo, en medio de convicciones incompatibles, la Iglesia católica romana se sostiene institucionalmente unida en la figura del Papa. Sin esta figura, los católicos romanos en todo el mundo perderían su aparente unidad.

Históricamente, la iglesia de Roma fue incrementando su hambre de poder político y en el camino fue descuidando la Palabra de Dios a tal punto que muchas de sus prácticas y convicciones fueron corrompiéndose. En nuestros días, la Iglesia católica romana sigue desviada del evangelio y sostiene varias enseñanzas contrarias a la Biblia. Algunos ejemplos de estas falsas enseñanzas son:

1. *El Bautismo:* La Iglesia católica romana erradamente afirma que el pecado original es removido en el bautismo, incluso en el bautismo de infantes. El ritual mismo trae o infunde la gracia de Dios al infante, aunque éste no ejercite ningún tipo de fe en Cristo.

2. *La Salvación:* La Biblia enseña, en resumen, que la salvación es gratuita, plenamente obtenida por Cristo en su muerte y resurrección como un regalo para todo el que cree. Pero la Iglesia católica romana enseña que la justificación por la fe es sólo una gracia inicial y condicional que debe ser incrementada por las buenas obras para lograr méritos y finalmente la salvación.[4] Ellos añaden requisitos que cumplir para ser salvo y por lo tanto destruyen la suficiencia del evangelio que asegura salvación eterna y gratuita mediante la fe en Cristo. Ellos añaden como

---

3 La Iglesia Católica se enorgullecen de ser la iglesia más antigua, afirmando que ellos constituyen la iglesia original que se remonta a los apóstoles. Sin embargo, según la Biblia, la verdadera unidad no se halla en instituciones oficiales y procedimientos legales y políticos. La iglesia católica no se ha mantenido como "una" a lo largo de su historia, más bien, han sido y sigue siendo un conjunto de muchas iglesias con creencias y prácticas incompatibles, unidas por una estructura papal. Un católico en el vaticano cree y practica cosas muy distintas a uno en el interior de Cuba o Bolivia, por ejemplo. La verdadera unidad de la iglesia de Cristo se halla en estar unidos en la verdad bíblica, especialmente en el evangelio (2 Juan 1:4-11). Ese es el énfasis, por ejemplo, del apóstol Juan cuando habla de la salud de la iglesia: "Pues mucho me regocijé cuando vinieron los hermanos y dieron testimonio de tu verdad, de cómo andas en la verdad. No tengo yo mayor gozo que este, el oír que mis hijos andan en la verdad" (3 Juan 1:3-4, también ver Efesios 4:13).

4 Ver Cánones IX, XI, XII, XX del Concilio de Trento sobre la Justificación.

requisito para salvación el bautismo y otros sacramentos (CIC 1257),[5] unirse a la iglesia (CIC 816), y obedecer los mandamientos. Con una combinación de la gracia de Dios obtenida mediante los sacramentos, la cooperación del hombre y los méritos que obtenemos en esta cooperación, podemos ser salvos.

3. *La Autoridad de la Biblia:* Ellos niegan la autoridad exclusiva, central y única de la Biblia en determinar la fe y práctica de la iglesia. Los católicos han elevado la tradición de la iglesia (el magisterio) y la autoridad del Papa al nivel de la Palabra de Dios. A tal punto ha sido la exaltación del Papa que afirman que sus enseñanzas son "infalibles," es decir, creen que es imposible que el Papa se equivoque cuando ejerce su rol oficial de maestro de la iglesia. En la práctica, muchas veces la tradición o el Papa terminan ejerciendo una mayor autoridad que la misma Biblia. Por eso, muchas veces, la predicación de la Palabra pasa a un segundo plano en la Iglesia católica romana y los rituales sacramentales se vuelven más prominentes. Porque han desplazado a la Palabra de Dios de su lugar.

4. *Prácticas contrarias a la Biblia:* En cuanto a sus prácticas, los católicos promueven el orar por los muertos, venerar y rezas a los santos y a María (ya que ellos son intercesores ante Cristo y el Padre), y permiten toda clase de rituales supersticiosos que, sinceramente, en África y América Latina muchas veces llegan al nivel de brujería cristianizada.[6]

Iglesia Ortodoxa Oriental

La Iglesia ortodoxa católica oriental se estableció como una ins-

---

5 Catecismo de la Iglesia Católica: Modificaciones Basadas en la Editio Typica (New York: Doubleday, 1997).

6 Más adelante, en la descripción de las creencias protestantes analizaremos más profundamente los errores católicos. Aunque si deseas leer un análisis profundo y confiable de los errores de la Iglesia católica romana te recomiendo leer: R. C. Sproul, *¿Estamos Juntos en Verdad? Un Protestante Analiza el Catolicismo Romano* (Burlington, NC: Publicaciones Faro de Gracia, 2015).

titución distintiva en el año 1054 cuando las iglesias del oriente se separaron de las iglesias del occidente. La mayor controversia que ocasionó la separación se debe a diferencias doctrinales en su entendimiento de la relación entre el Padre, Hijo y el Espíritu Santo, y su resistencia a someterse a la autoridad del Papa de la iglesia en Roma.

Los eventos sucedieron de la siguiente manera: la Iglesia católica había determinado añadir una cláusula al Credo de Nicea que contenía la palabra griega *"filoque"* que significa "y el Hijo," afirmando que el Espíritu Santo procedía del Padre "y del Hijo." Esto abrió un debate más grande acerca de si el Papa en Roma tenía o no la autoridad de gobernar sobre la fe del mundo cristiano. Las iglesias de la cultura oriental terminaron separándose del catolicismo romano.

La Iglesia Ortodoxa Oriental en el presente está compuesta por una familia de iglesias de las cuales las más prominentes son la Iglesia ortodoxa griega y la Iglesia ortodoxa rusa, y también la siria, cóptica y serbia. Esta familia de iglesias es especialmente difícil de analizar teológicamente porque sostienen un cristianismo místico que se opone a la sistematización generalizada de sus convicciones. Sin embargo, alguna de sus convicciones son suficientemente generales entre las iglesias ortodoxas de todo el mundo para mencionarlas.

1. *El pecado original:* La Iglesia Ortodoxa Oriental niega la doctrina del pecado original. Para ellos, el pecado no tiene un énfasis legal condenatorio como nosotros creemos (Romanos 4:15; 5:13). El problema de la humanidad no es que está condenada ni que es culpable ante Dios. Más bien, la humanidad está sufriendo por su finitud y limitación. Por supuesto, esto también afecta su entendimiento de la salvación.[7]

2. *La Salvación:* Los cristianos ortodoxos orientales ven a la salvación en términos más médicos que legales. Es decir, el problema que Dios soluciona en Cristo no se debe a nuestra rebeldía, corrupción y pecado contra su santa voluntad. Más bien, Dios soluciona un problema que nos está hiriendo o causando

---

7 G. L. Bray, "Eastern Orthodox Theology," ed. Martin Davie et al., *New Dictionary of Theology: Historical and Systematic* (London; Downers Grove, IL: Inter-Varsity Press; InterVarsity Press, 2016), 279.

daño a nosotros ¿Cuál es ese problema? Como dije antes, la humanidad está sufriendo por su finitud y limitación. Por lo tanto, la salvación es aquello que Dios hace para ayudarnos es elevar nuestra existencia hacia una existencia superior. Este proceso de salvación es lo que ellos llaman "deificación." Este entendimiento de salvación puede resumirse con la famosa frase atribuida a Atanasio "El Hijo de Dios se hizo hombre para hacernos Dios." Esta es una forma oriental de expresar las doctrinas de la santificación y glorificación. Ellos no creen que nos vamos a volver literalmente dioses. Sin embargo, su visión de la salvación pierde de vista la culpa del pecado, y se vuelve más un proceso de reparar o mejorar la creación que un proceso de redimir al culpable pecador.

3. *Los sacramentos:* Los cristianos ortodoxos orientales ven los sacramentos como poderosos. Ellos creen en la regeneración bautismal, lo cual significa que bautismo hace que una persona nazca de nuevo. Ellos afirman que el bautismo y la eucaristía suministran vida espiritual a los que lo reciben.[8]

4. *La autoridad de la Biblia:* Los ortodoxos orientales niegan la idea protestante de "sola scriptura." Y en la práctica ellos también niegan la suficiencia de las Escrituras. Ellos le dan el mismo valor y autoridad a las enseñanzas de su tradición que a la Biblia. Aunque en la práctica muchas veces la tradición se vuelve superior.

5. *Prácticas contrarias a la Biblia:* La Iglesia ortodoxa oriental honra, venera y reza a los santos y a María. Una parte esencial de su adoración son objetos que ellos llaman "íconos." Los íconos son imágenes veneradas, pintadas en madera y otros materiales, representando a Cristo, a María, o los santos. Son usados constantemente para orar y adorar. Es común adorar en presencia de los íconos ya sea en el hogar o en el templo. También promueven orar por los muertos.

---

8 G. L. Bray, "Eastern Orthodox Theology," 279.

Estas son, entonces, dos de las tres grandes ramas del cristianismo mundial. Ambas se han apartado de la Palabra de Dios. Esto es suficientemente triste. Pero lo que es realmente preocupante es que tanto los católicos como los ortodoxos orientales se han desviado no solo de la Biblia, sino también del evangelio verdadero. Por lo tanto, ellos no solo necesitan una reforma, ellos necesitan salvación (Gálatas 1:8-11). Es interesante concluir notando que es justo alrededor de la Biblia y el evangelio bíblico que se establece la Iglesia Protestante.

La Iglesia Protestante

El título "protestante" no es muy usado en nuestros días. Hoy en día es más popular referirse a los protestantes como "cristianos," o "evangélicos." Pero ¿De dónde surgió el movimiento protestante? Todo comenzó como un movimiento bíblico en Alemania entre 1517 y 1520 d.C. Martin Lutero, un monje católico agustiniano, doctor en Biblia, y maestro de seminario, procuró ayudar a la Iglesia católica romana a regresar a un tipo de cristianismo bíblico, especialmente centrado en la enseñanza bíblica de la salvación (el evangelio). La iglesia católica romana en ese entonces estaba profundamente corrompida por el amor al poder y al dinero, y sus enseñanzas se habían desviado de la Biblia.

Tal fue el poder y corrupción de la Iglesia católica que lograron prohibir la traducción de la Biblia al lenguaje común que la gente usaba. Lutero se opuso al autoritarismo y corrupción de la iglesia y procuró enseñar la Biblia y traducirla para ponerla en manos de todos. Como protestantes creemos que nuestra fe no es un invento de hombres, más bien es un simple retorno a la fe cristiana original, la cual está claramente expresada en las páginas de la Biblia.

La Iglesia protestante es enfáticamente bíblica

La Iglesia protestante se reúne alrededor de sus convicciones bíblicas, no alrededor de sus líderes. No tenemos una institución, líder o fundador que nos une. Más bien, la iglesia protestante es un movimiento unido en una forma de pensar que se dirige "hacia las fuentes" (ad fontes). La frase latina "hacia las fuentes" alude a que debemos dirigirnos a las fuentes primarias de nuestras convicciones, a lo que Dios mismo ha revelado en la Biblia. Es en la Biblia donde debemos encontrar todo lo que debemos creer y obedecer. Cualquier práctica o enseñanza, de cualquier persona con cualquier estatus y en cualquier época debe estar sometida al escrutinio cuidadoso de la Biblia.

La Iglesia protestante está centrada en el evangelio bíblico

Cuando estudiamos la Biblia, descubrimos que en el corazón de sus páginas se halla el evangelio de Jesucristo. Por eso no es de extrañar que el corazón de la Reforma protestante fuera la proclamación del evangelio bíblico. Lutero predicó el mensaje de que nuestra salvación no proviene de la autoridad del Papa, ni proviene de nuestros propios esfuerzos para ser buenos. El evangelio bíblico enseña que la salvación de nuestras almas perdidas se obtiene solamente por fe en Jesucristo para el perdón de nuestros pecados.

Las Cinco Solas

El entendimiento protestante del evangelio se contrasta con el entendimiento católico en lo que históricamente se conoce como *"las cinco Solas."* Se llaman así porque cada una de las cinco comienzan con la palabra "Solamente." Vamos a examinarlas una por una:

Solamente las escrituras

Popularmente conocida en latín como *Sola Scriptura,* esta convicción protestante responde a la cuestión de quién tiene la autoridad final e infalible en la fe y las prácticas de la iglesia ¿Acaso el Papa? ¿Acaso las tradiciones? ¿Acaso los profesores del seminario? ¿Acaso los pastores, diáconos o miembros de la iglesia? Nosotros creemos que únicamente la Palabra de Dios posee la autoridad infalible para dictar lo que es verdadero y lo que es bueno, porque es Dios quien habla directamente en las Escrituras y sólo Él tiene la autoridad final en la iglesia y el mundo.⁹ Esta enseñanza destruye el orgullo humano y toda pretensión de autoridad humana que intente robar el lugar de autoridad que sólo pertenece a Dios.

"Sola Scriptura" es contraria al catolicismo romano que sostiene que el fundamento de la fe está constituido por la Biblia y también la tradición de la iglesia (enseñanzas de Papas y Concilios). Pero la verdad es otra. Solamente la Biblia es nuestra autoridad infalible y perfecta. Es ella la que debe juzgar las enseñanzas de los hombres y no al contrario.

Solamente por fe

Popularmente conocida en latín como *Sola Fide*, esta convicción cristiana responde a la cuestión de cómo puede un pecador obtener la salvación que Jesucristo ha obtenido en la cruz para nosotros. ¿Qué hay que hacer para ser salvo? ¿Cómo una persona se vuelve cristiana? ¿Acaso debemos pasar por algún ritual? ¿Acaso debemos vivir un estilo de vida diferente, más moral, para ser salvos? ¿Acaso debemos unirnos a la Iglesia católica romana u obtener algún permiso especial del Papa, o del pastor?

El apóstol Pablo claramente afirmó: "el hombre es justificado por la fe aparte de las obras de la ley" (Romanos 3:28). La doctrina de *Sola Fide* enseña que la salvación no se obtiene al confiar en nuestra propia capacidad de agradar a Dios mediante obediencia a su ley, sino que se obtiene depositando nuestra fe en alguien más, en Cristo Jesús como único y suficiente salvador.

La Iglesia católica enseña que la salvación se obtiene por la fe junto con los méritos de las buenas obras. La Biblia enseña que la salvación se obtiene únicamente al confiar en Cristo y su obra de salvación. Al confiar en Jesús como nuestro salvador, somos considerados justos ante Dios por la justicia de Cristo.

---

9 Además de esto, los cristianos reformados reconocemos una conexión muy profunda entre el Espíritu Santo y la Biblia. Una vida cristiana saludable reconoce que la obra salvación y santificación del Espíritu Santo esta centrada las Escrituras. No sólo en la lectura de la Biblia, pero incluso en la predicación de la Biblia, siempre y cuando este correctamente interpretada.

Solamente por gracia

Popularmente conocida en latín como *Sola Gratia*, esta convicción cristiana responde a la cuestión de quién es el que lleva a cabo nuestra salvación ¿Acaso Dios nos salva mediante una cooperación en la que nosotros le ayudamos con una parte y él hace otra parte? ¿Es la salvación una labor compartida? ¿O acaso Dios debe salvarnos como una obra completamente suya y ofrecernos su salvación como un regalo de gracia que él lleva a cabo de principio a fin?

Encontramos una clara respuesta en Efesios 2:8 "Porque por gracia sois salvos por medio de la fe; y esto no de vosotros, pues es don de Dios; no por obras, para que nadie se gloríe." *Sola Gratia* es el reconocimiento de que Dios no nos necesita para lograr su obra de salvación (Hechos 17:25). Más bien, Dios nos salva como una obra unilateral, sin nuestra cooperación.[10]

Tal como explica Dr. Stephen Wellum, "Si Dios elige salvarnos, debe actuar en gracia soberana de principio a fin sin nuestra cooperación. Al enfatizar la *sola gratia*, los reformadores se opusieron a las enseñanzas de la iglesia romana. Roma no negó la gracia de Dios, sin embargo, en su opinión, el pecado sólo había estropeado nuestra naturaleza y, dentro de nosotros, todavía teníamos la capacidad de recibir y cooperar con la gracia."[11] La Iglesia católica enseña que es necesaria la cooperación humana (fortalecida por la gracia) para que Dios nos salve. Pero la Biblia enseña que el hombre, puesto que está muerto espiritualmente (Efesios 2:1), no puede ni quiere reconciliarse con Dios, por lo tanto, Dios nos salva solamente por su gracia soberana; sin cooperación humana.

---

10 Históricamente en teología se ha usado la palabra "monergismo" para expresar con lenguaje técnico lo que sucede en la salvación de un pecador. La palabra "monergismo" se contrasta con "sinergismo." Una acción sinergista es una que se realiza en cooperación de dos o mas agentes. Una acción monergista es aquella que se realiza solo por la acción unilateral de un agente, un solo sujeto. Según la teología reformada la salvación bíblica es monergista. Dios nos salva sin necesitar nuestra ayuda. La salvación, especialmente la regeneración, depende enteramente de Dios viniendo a rescatarnos y no de nuestra capacidad de movernos hacia Dios.

11 https://equip.sbts.edu/article/five-solas-biblical/

Solamente por Cristo

Popularmente conocida en latín como *Solus Christus*, esta convicción cristiana responde a la cuestión de si la obra redentora de Cristo en la cruz y en su resurrección es suficiente para salvar al pecador. ¿Hay algo más que se debe añadir a su obra para alcanzar salvación? ¿Acaso es necesario algún otro ritual, o algún otro mediador para completar el camino a la salvación? ¿Acaso no es necesario también participar de los sacramentos y recibir los méritos de María y los santos?

La Biblia es clara, "En ningún otro hay salvación, porque no hay otro nombre bajo el cielo, dado a los hombres, en el cual podamos ser salvos" (Hechos 4:12). Sólo Cristo es como nuestro perfecto y suficiente Salvador. Nadie puede añadir a la obra redentora de Cristo. Él es suficiente.

La Iglesia Católica enseña que los creyentes pueden ir al purgatorio, lugar en el que son purificados al pasar por castigos temporales antes de entrar al cielo. En el tiempo de la reforma el Papa ofrecía "indulgencias" que otorgaban a los creyentes los méritos de Cristo, María y los santos, para acortar su castigo en el purgatorio. Sin embargo, si el purgatorio es real, entonces la obra de Cristo fue incompleta. La verdad es que si la obra de Cristo no es suficiente para nuestra salvación eterna, entonces no existe la salvación eterna, y todos estamos condenados.

Solamente para la gloria de Dios

Popularmente conocida en latín como *Soli Deo Gloria*, esta convicción cristiana responde a la cuestión de si hay alguien más o algo más además de Dios que merece gratitud y reconocimiento por su contribución a la salvación del pecador.

¿Acaso no debemos agradecer a la Iglesia católica por dispensar la gracia de Dios sobre nosotros mediante los sacramentos? ¿Acaso no debemos agradecer a María y a los santos que intercedieron por nosotros ante Cristo y el Padre? ¿Acaso no debemos agradecer al Papa que nos otorgó los méritos de los santos para ayudarnos a llegar al cielo? Por supuesto que no. Dios declaró firmemente: "Yo soy el

Señor, ése es mi nombre; mi gloria a otro no daré, ni mi alabanza a imágenes talladas" (Isa 42:8). La gloria le pertenece exclusivamente a Dios.

Ya que su Palabra es la máxima autoridad, su salvación es sólo por gracia por medio de la fe, y su redención en Cristo es la única manera de salvación, nosotros debemos concluir: la gloria debe ir exclusivamente al Padre, Hijo y Espíritu Santo. A diferencia de la Iglesia católica, no debemos dar lugar a la glorificación de nuestros méritos, de la institución de la iglesia, del Papa, ni la veneración de María, de los santos, o de imágenes talladas. Sólo a Dios le pertenece la gloria.

Entonces ¿Cuál es la iglesia verdadera?

Los católicos continúan condenando a los protestantes porque supuestamente los protestantes se han separado de la iglesia verdadera. Pero ¿Qué hace que una iglesia sea verdadera y otra falsa? Los católicos y los protestantes responden de manera distinta a esta pregunta.

Los católicos prefieren enfatizar una "unidad" institucional en lugar de una unidad en las convicciones bíblicas. Por lo tanto, para los católicos, aquel que está fuera de la institución de la iglesia que está unida en la figura del Papa esta fuera de la iglesia verdadera. Esta fuera de la única iglesia que se puede trazar hasta la época de los apóstoles. Pero ¿Qué tan valido es este argumento?

Los reformadores protestantes respondieron ante este dilema de una manera muy bíblica ¿Qué hace que una iglesia sea verdadera y otra falsa? Tres cosas:

Primero, la proclamación del evangelio verdadero. La iglesia verdadera es donde el evangelio es conocido y enseñado correctamente. La fe en el evangelio verdadero es el alma de la iglesia sin la cual no podría existir. Si el evangelio de Cristo es corrompido, la iglesia deja de ser iglesia de Cristo. "En ningún otro hay salvación, porque no hay otro nombre bajo el cielo dado a los hombres, en el cual podamos ser salvos" (Hechos 4:12).

Segundo, la celebración del evangelio a través de las ordenanzas. La iglesia verdadera es donde las ordenanzas del bautismo y la cena del Señor son administradas correctamente. Las ordenanzas expresan visiblemente el evangelio. Expresan la unión espiritual que tenemos con Cristo en su muerte y resurrección, celebran esa unión y nos ayudan a disfrutar espiritualmente de esa unión. Él está en nosotros y nosotros en Él. Si la iglesia abandona estas ordenanzas, deja de poseer las señales que Cristo les ha dado para demostrar que son su iglesia. "Porque todas las veces que coman este pan y beban esta copa, proclaman la muerte del Señor hasta que Él venga." (1 Corintios 11:26).

Tercero, la encarnación del evangelio en las vidas santas de los miembros de la iglesia. La iglesia verdadera promueve la santidad de vida practicando disciplina y corrección personal en la vida de sus miembros. Si la iglesia abandona su compromiso con la santidad y decide abrazar el pecado, no podrá encarnar o ejemplificar el evangelio de salvación ante un mundo que observa.

Si la iglesia deja de vivir en la santidad que produce el evangelio es como una sal que pierde su sabor. Pero si procura vivir en pureza, la iglesia demuestra que su corazón ha sido redimido de la esclavitud del pecado y transformado por el evangelio de Cristo.

En conclusión, la iglesia verdadera es aquella que conoce, proclama, celebra y vive el evangelio bíblico. Las marcas más importantes de una iglesia verdadera son su fe bíblica, sus ordenanzas y su santidad. Nosotros creemos que la Iglesia católica romana no es una iglesia verdadera, verdaderamente cuerpo de Cristo, principalmente porque el evangelio no es enseñado correctamente en ella.

────────────── RESUMEN DEL CAPÍTULO ──────────────

En este capítulo aprendimos lo siguiente:

- Existen tres grandes ramas del cristianismo mundial: iglesias católicas, iglesias ortodoxas orientales e iglesias protestantes. Nuestra iglesia pertenecería a la rama protestante del cristianismo.

- La iglesia protestante se reúne alrededor de convicciones bíblicas. No tenemos una institución, líder o fundador que nos une. Más bien, el corazón de la reforma protestante fue la proclamación del evangelio bíblico.

- El entendimiento protestante del evangelio se contrasta con el entendimiento católico en lo que históricamente se conoce como "las cinco Solas." Se llaman así porque cada una de las cinco comienzan con la palabra "Solamente."

- Los protestantes reconocen que las iglesias verdaderas son aquellas que se caracterizan por contar con la proclamación del evangelio, la administración correcta de las ordenanzas y la disciplina correctiva en la iglesia

Preguntas de Reflexión:

1. ¿Cuáles son las tres ramas del cristianismo global?

   _____
   _____
   _____
   _____

2. ¿Cuáles son las Cinco Solas?

   1. _____
   2. _____
   3. _____
   4. _____
   5. _____

3. ¿Alguien puede ganarse la salvación? Elige una sola opción.

   a. Sí se puede ganar la salvación, pero es difícil.
   b. Sí se puede ganar la salvación, pero con la ayuda de María y los santos.
   c. No se puede ganar la salvación, porque la salvación es un regalo de Dios comprado en la cruz y obtenido gratuitamente mediante la fe.

Capítulo Cinco: Tarea de Lectura

APRENDIENDO A ORAR LA BIBLIA

"Estén siempre gozosos. Oren sin cesar. Den gracias en todo, porque esta es la voluntad de Dios para ustedes en Cristo Jesús."

1 TESALONICENSES 5:16-18

Hay pocas cosas en la vida cristiana que se pueden compara en importancia a la oración. La oración es para la iglesia lo que el oxigeno es para el cuerpo. Sin ella, el cuerpo muere, con ella el cuerpo se renueva en vitalidad. En este capitulo aprenderás algunas cosas esenciales sobre la naturaleza de la oración y recibirás consejos prácticos para aprender a orar usando la Biblia.

Entiende qué es la oración

"Clamaré al Dios Altísimo, al Dios que todo lo hace para mí" (Salmos 57:2). La oración podría entenderse como un encuentro con Dios y una conversación con Dios.[1] Orar es un encuentro y una conversación con Dios donde abrimos nuestros corazones para derramarlos ante Dios.

Primeramente, la oración es un encuentro con el Dios vivo y verdadero que se ha revelado en las Sagradas Escrituras, por lo tanto, la oración está íntimamente conectada con la Biblia. Por otro lado, orar no es solo leer la Biblia. Orar es comunicación con Dios. Cuando leemos la Biblia, debemos responder ante Dios de acuerdo con lo que

---

1 Timothy Keller, *Prayer: Experiencing Awe and Intimacy with God* (New York, NY: Penguin Books, 2014), 5.

ha revelado en su Palabra. Cuando oramos la Biblia, de alguna forma vivimos en nuestro espíritu las realidades que leemos. Una definición más completa de la oración también puede ser la siguiente:

> La oración es comunión y conversación directa con Dios, ya sea vocal o silenciosa, planificada o espontánea, individual o congregacional ... Puede venir como una expresión de deseo o súplica, de tristeza o disculpa, de amor o admiración, de gratitud o aprecio, de insatisfacción o frustración, o de esperanzas y alegrías, de miedos y dudas, o de preguntas y curiosidades.[2]

En otras palabras, cuando ores, habla con Dios con toda sinceridad, derramando tu corazón ante él tal como eres. Comparte con él lo que está en tu corazón. Preséntate ante el Dios que todo lo escucha, todo lo ve y todo lo llena. Pero no te presentes de manera solitaria, como si tuvieras derecho en ti mismo de ver a Dios. Más bien, preséntate sobre la base de las Escrituras y mediante Jesucristo, el único mediador entre Dios y los hombres. Es solo en Cristo que podemos venir ante el trono de la gracia de Dios confiadamente (Hebreos 4:16). Veamos esto en el siguiente punto.

Entiende cómo la oración está conectada con el evangelio

El hombre pecador no tiene ningún derecho de pensar que Dios lo recibe en su presencia. En Isaías 59:2 Dios le dice a su pueblo rebelde, "las iniquidades de ustedes han hecho separación entre ustedes y su Dios, y los pecados le han hecho esconder Su rostro para no escucharlos" (Isaías 59:2). "Debido a que Dios es santo, el pecado rompe la comunión en que la oración es aceptable para él. La obra misericordiosa de Dios de salvación restaura y renueva esa comunión a través de Jesucristo."[3]

Solo a través de Jesucristo un pecador puede acercarse con confianza ante el trono de Dios. Jesús es nuestro sacerdote, nuestro representante ante Dios que aplaca la ira de Dios contra su pueblo para que

---

2 Layton Talbert, "*Prayer in the Life of the Church*," in *Lexham Survey of Theology*, ed. Mark Ward et al. (Bellingham, WA: Lexham Press, 2018).

3 Sinclair B. Ferguson and J.I. Packer, *New Dictionary of Theology* (Downers Grove, IL: InterVarsity Press, 2000), 526.

podamos acercarnos a él con confianza (Hebreos 4:15-16). Los que vienen a Dios mediante la fe en Cristo, aunque son pecadores, tienen a Jesucristo como su abogado que les reconcilia con Dios. "Hijitos míos, les escribo estas cosas para que no pequen. Y si alguien peca, tenemos Abogado para con el Padre, a Jesucristo el Justo. Él mismo es la propiciación por nuestros pecados, y no solo por los nuestros, sino también por los del mundo entero" (1 Juan 2:1-2). Cada vez que ores medita en el evangelio. Recuerda que solo tienes acceso a Dios por la vida perfecta, la cruz y resurrección de Cristo.

Entiende a quién le estás hablando en la oración

No seas irrespetuoso con Dios, más bien sé reverente. La Palabra dice: "No tomarás el nombre del Señor tu Dios en vano, porque el Señor no tendrá por inocente al que tome Su nombre en vano" (Éxodo 20:7). Evade usar diminutivos como "diosito" y otras frases que contradigan la majestad, santidad, y gloria del Dios santo.

Al mismo tiempo, los cristianos deben recordar que mediante Cristo ellos han sido hechos hijos de Dios (Juan 1:12). Debemos orar a Dios con confianza en que la sangre de Cristo nos ha dado acceso al Padre mediante el Espíritu santo. Esta es una de las grandes revelaciones que encontramos en la carta a los Hebreos:

> Entonces, hermanos, puesto que tenemos confianza para entrar al Lugar Santísimo por la sangre de Jesús, por un camino nuevo y vivo que Él inauguró para nosotros por medio del velo, es decir, Su carne, y puesto que tenemos un gran Sacerdote sobre la casa de Dios acerquémonos con corazón sincero, en plena certidumbre de fe, teniendo nuestro corazón purificado de mala conciencia y nuestro cuerpo lavado con agua pura (Hebreos 10:19-21).

El escritor bíblico explica cómo mediante el sacrificio de Cristo tenemos acceso al "lugar santísimo," haciendo referencia al lugar más santo del tabernáculo de Israel en el antiguo testamento. El lugar santísimo era un lugar peligroso. Nadie podía entrar en él y sobrevivir. El sumo sacerdote de Israel tenía permiso de entrar solo una vez al año, pero solo con sacrificios de sangre. Alguien debía morir para que pecadores pudieran entrar a la santa presencia de Dios. El lugar santísimo estaba protegido por un grueso velo y nadie tenía acceso a él. Es en ese contexto que el pasaje bíblico dice que Jesús ha abierto un nuevo camino a la presencia de Dios mediante su cuerpo para que tengamos acceso al Padre con toda confianza.

Tenemos acceso ante el Padre sólo por medio de Cristo. Sin embargo, aun así, debemos recordar que Dios sigue siendo el Santo Dios. Debemos entonces mantener presente la santidad y la accesibilidad de Dios al orar. Esa debe ser nuestra actitud cada vez que vamos a orar. Una actitud consciente de la santidad de Dios y de la gracia obtenida mediante la sangre de Cristo.

Entiende el rol de la Biblia en la oración

La Biblia es para la oración lo que el combustible es para los automóviles. Los automóviles pueden ser lujosos, costosos y puede contar con un poderoso motor, pero sin gasolina, el automóvil es solo un bonito adorno. Así mismo, la oración puede ser elegante, filosófica, emocional, o impactante, pero sin la Palabra de Dios, solo llega a ser un bonito espectáculo. La Palabra de Dios no solo informa a la oración, sino que la alimenta.

Por muchos siglos los cristianos que han tomado en serio la oración han usado el libro de los Salmos para guiar e inspirar sus oraciones a Dios. "Hay un fuerte énfasis en la tradición reformada en el uso de las Escrituras como modelo para la oración, ejemplificado en los salmos y en el Padrenuestro".[4] Leer la Biblia sin oración es un ejercicio entretenido, pero infructífero, de la misma manera orar sin la Biblia es una experiencia desorientadora y vacía del poder de Dios. Cada vez que ores recuerda que el ministerio del Espíritu Santo está íntimamente conectado a las Sagradas Escrituras.

Aprende a orar la Biblia

Uno de los mejores métodos para mantener la oración fresca en vez

---

4 Kelly M. Kapic and Wesley Vander Lugt, *Pocket Dictionary of the Reformed Tradition*, The IVP Pocket Reference Series (Downers Grove, IL: IVP Academic, 2013), 88.

de monótona, viva en vez de muerta, y bíblica en vez de errada, es orar con el método que se llama "orar la Biblia." Orar la Biblia es simplemente usar la Biblia, especialmente los salmos, para inspirar y guiar nuestras oraciones. Orar la Biblia es convertir el texto bíblico que vamos leyendo en una oración a Dios.

El pastor John Piper ofrece una sucinta definición de lo que significa orar la Biblia, "Orar la Palabra significa leer (o recitar) las Escrituras en un espíritu de oración, dejando que el significado de esos versículos se convierta en nuestra oración e inspire nuestros pensamientos."[5] El escritor Donald Whitney describe el método de orar la Biblia de la siguiente manera:

> Orar la Biblia es tan simple como ir a través del pasaje línea por línea, hablando con Dios acerca de todo aquello que venga a tu mente mientras lees el texto. ¿Ves cuán fácil es todo esto? Todos pueden hacerlo. Si no entiendes el significado del versículo, ve al siguiente. Si el significado de ese versículo es muy claro, pero nada viene a tu mente para orar, pasa al siguiente. Solo habla con el Señor acerca de todo aquello que se te ocurre mientras lees la Palabra, sin prisa.[6]

Únete a Jesús en su intercesión por la iglesia

Esta semana, mientras aprendes a orar la Biblia, quiero que ores por la iglesia local, por los miembros de la iglesia, por los pastores, y por tu vida espiritual. Aprende a orar la Biblia como parte de una familia, no simplemente como un individuo. Si comienzas a orar el Salmo 23 que comienza diciendo, "El Señor es mi pastor, nada me faltará," considera orar algo parecido a esto:

> Señor, tú eres mi pastor. Tú eres un buen y sabio pastor que me ha pastoreado bien toda la vida. Pastorea a mis hijos, pastorea a mi esposa y pastorea mi alma mientras busco conocerte cada día más. Muchas veces me desvío y por eso cada día necesito que me recojas con tus bondadosas manos de pastor. También te pido por mi iglesia, pastoréanos. Somos tu rebaño y te necesitamos cada día. Pastorea a cada miembro de la iglesia que esté desanimado, o que esté siendo tentado por el pecado. Pastorea

---

5 John Piper, citado en: Donald S. Whitney, *Praying the Bible* (Wheaton, IL: Crossway, 2015), 79.

6 Whitney, *Praying the Bible*, 33.

a los líderes del ministerio de jóvenes y de niños. Pastorea a los maestros de la iglesia y sus familias. Y pastorea a mis pastores. Gracias por darme pastores buenos y sabios. Guárdalos del pecado y protégelos, provéeles y susténtales, derrama tu gracia y bendición sobre ellos, y úsales para tu gloria.[7]

Cada vez que decides orar por tu iglesia algo maravilloso está sucediendo. Ya que eres el cuerpo de Cristo, cuando oras por tu iglesia tú estás uniéndote a Jesús en su labor de intercesión (significa orar a favor de alguien más). La Biblia dice que Jesús está continuamente intercediendo por nosotros. Jesús ora ante el Padre a favor de su iglesia constantemente. "Cristo Jesús es el que murió, sí, más aún, el que resucitó, el que además está a la diestra de Dios, el que también intercede por nosotros" (Romanos 8:34).

Esta semana aprende a orar la Biblia, pasa un hermoso tiempo con Dios cada día, y comienza a disfrutar de tu unión con Cristo en su ministerio de intercesión por la iglesia.

Un desafío para esta semana

Ora cada día

Si es posible, toma 20 minutos cada día para orar la Biblia. Te animo a orar con los ojos abiertos, mirando atentamente el texto de la Biblia y dejando que tu corazón sea guiado por las Escrituras. Toma con la seriedad más grande esta invitación y obedécela. Deléitate en el evangelio. Y mientras oras procura crecer en tu amor por Cristo y por su iglesia.

Pasajes bíblicos recomendados para oración diaria

Durante la semana toma tiempo para orar meditando en estos pasajes bíblicos o en otros que sean útiles para guiarte en oración:

---

7 Esta oración esta inspirada en los ejemplos que nos presentaba el Dr. Whitney mientras lo escuchábamos impartiendo clases en el *Seminario Teológico Bautista del Sur*, en Louisville, Kentucky. Si deseas profundizar aun más en lo que significa orar la Biblia te recomiendo la lectura de: Donald Whitney, *Orando la Biblia* (Nashville, TN: B&H Español, 2016).

- Salmo 23
- Salmo 32
- Romanos 8
- Salmo 51
- Salmo 27
- Salmo 16
- Juan 15
- Filipenses 2
- Isaías 53
- Salmo 143
- Lamentaciones 3

RESUMEN DEL CAPÍTULO

En este capítulo aprendimos lo siguiente:

- Orar es un encuentro y una conversación con Dios donde abrimos nuestros corazones para derramarlos ante Dios.

- Como pecadores podemos orar de manera aceptable a Dios solamente por medio del sacrificio de Cristo en la cruz.

- Como pecadores podemos orar de manera aceptable a Dios solamente por medio del sacrificio de Cristo en la cruz.

Preguntas de Reflexión:

1. ¿Qué es la oración?

   _____

   _____

   _____

   _____

2. ¿Aceptas el desafío de orar la Biblia durante la semana?

    a. Sí
    b. No

3. ¿Cómo explicarías qué significa orar la Biblia? ¿Te ha costado entender este método de oración?

    _____

    _____

    _____

    _____

La Iglesia

PARTE 2

Una cultura reformada enfatiza la autoridad y suficiencia de la Biblia, la Soberanía de Dios sobre todas las cosas, la adoración Cristocéntrica, la centralidad de la Iglesia local en la vida cristiana y la necesidad de una vida de santidad.

NUESTRA IGLESIA LOCAL ES BAUTISTA CON UNA CULTURA REFORMADA

"Y a él sea la gloria en la iglesia y en Cristo Jesús por todas las edades, por los siglos de los siglos. Amén."

EFESIOS 3:21

Anteriormente mencionamos tres categorías que describen a nuestra iglesia: protestante, bautista, y reformada. Ya vimos en el capítulo anterior qué significa que nuestra iglesia es protestante. Ahora nos enfocaremos en las otras dos características. Nuestra iglesia no sólo es protestante, sino que es específicamente bautista. Y no solo bautista, sino que es el tipo de iglesia bautista que abraza y celebra una cultura reformada.

Los bautistas

Los bautistas se distinguieron por un énfasis en entender el evangelio con precisión, por enfatizar la obediencia a la Biblia, por impulsar un fervor misionero y por aferrarse al principio de *Sola Scriptura*. La historia de los bautistas está marcada por hombres y mujeres de valor que defendieron a precio de sangre su convicción de que Jesucristo es el Señor de la iglesia y que ese Señor nos comunica su voluntad mediante su Palabra escrita.

El comienzo de los bautistas

Los Bautistas son una denominación protestante que viene directamente como consecuencia del movimiento puritano inglés. Los puritanos ingleses eran cristianos reformados ejemplares que buscaban purificar la adoración y fe de la iglesia de Inglaterra. Ellos buscaban avanzar y completar la reforma o restauración de la iglesia de Inglaterra. Dentro de ese grupo de puritanos, algunos de ellos llegaron a tener convicciones bautistas que explicaremos más adelante.

Quizás una buena fecha para marcar el comienzo de la denominación bautista es 1644, en Londres, Inglaterra.[1] En ese año las iglesias bautistas particulares de Londres publicaron el documento conocido como la Primera Confesión Bautista de Londres de 1644.

Esta confesión de fe fue necesaria para aclarar malentendidos y refutar las acusaciones injustas que varios hacían en contra de los bautistas. Tal como escribe Michael Haykin, "Debido a su compromiso con el bautismo de creyentes, muchos en Londres los confundieron con los Anabaptistas del siglo anterior."[2] Por eso, muchos acusaban falsamente a los bautistas de ser arminianos, radicales revolucionarios, y de bautizar mujeres y hombres al desnudo. Estos rumores falsos debían ser contestados. Con ese propósito se escribió la confesión de fe bautista.

La Primera Confesión Bautista de Londres escrita en 1644 demostraba públicamente que las creencias bautistas eran creencias bíblicas, sanas y consistentes con la fe cristiana reformada. Demostraba que los bautistas no eran una secta revolucionaria con creencias excéntricas y desviadas. Eran cristianos protestantes reformados que percibían el bautismo y la doctrina de la iglesia de una manera distinta al convenio popular del momento.

Las creencias bautistas

El estudio cuidadoso de las Escrituras dirigió a los bautistas ingleses hacia una reforma más completa que las de otros protestantes (por ejemplo, anglicanos, presbiterianos, metodistas, episcopales, etc.).

Si bien la mayoría de las doctrinas bautistas son las mismas que to-

---

1 Justo Anderson, *Historia de los Bautistas* (El Paso, TX: Editorial Mundo Hispano), 147.

2 Anthony L. Chute, Nathan A. Finn, and Michael A. G. Haykin, *The Baptist Story: From English Sect to Global Movement* (Nashville, TN: B&H Publishing Group, 2015), 25.

dos los protestantes reformados sostienen, los bautistas se distinguen de otros protestantes en tres áreas: Primero, los bautistas entienden que el bautismo es valido sólo cuando es aplicado a creyentes verdaderos. Segundo, los bautistas entienden que solamente los creyentes verdaderos pueden ser miembros de la iglesia local. Tercero, los bautistas creen que la iglesia local tiene la autoridad de tomar sus propias decisiones. Ahora veamos cada una de ellas en orden.

La iglesia bautista sólo bautiza a los creyentes

Los bautistas tenemos la convicción de que sólo los cristianos (verdaderos creyentes en el evangelio, aquellos que han nacido de nuevo) pueden ser bautizados. El bautismo de una persona que no ha nacido de nuevo no es un bautismo cristiano, bíblico y real. Esta práctica contrasta, por ejemplo, con las iglesias metodistas o presbiterianas que bautizan a los infantes (aunque sólo aquellos infantes que son hijos de cristianos).

La iglesia bautista procura tener una membresía regenerada

Los bautistas tenemos la convicción de que sólo los cristianos pueden ser admitidos como miembros de la iglesia local. Esta posición contrasta, por ejemplo, con las iglesias presbiterianas, que admiten infantes en la membresía mediante el bautismo (aunque sólo aquellos que son hijos de cristianos). Nosotros creemos que sólo aquellos que han escuchado el evangelio, se han arrepentido de sus pecados, creyeron en Jesucristo y viven de una forma que evidencia su salvación pueden ser reconocidos y afirmados como miembros de una iglesia local.

La iglesia bautista es autónoma y congregacional

Los bautistas tenemos la convicción de que la iglesia es autónoma, es decir, no depende de liderazgos externos a ella para su dirección y organización. Por ejemplo, las iglesias católicas no son autónomas porque en última instancia están bajo la autoridad del Papa. En el ámbito protestante, las iglesias presbiterianas son un ejemplo de una denominación que permanece bajo la autoridad de un grupo de líderes externos a la congregación local (el presbiterio, el sínodo y la asamblea general). Nosotros creemos que cada iglesia es una entidad independiente que es responsable de establecer sus propios líderes, administrar sus propias finanzas, desarrollar sus propios ministerios, y establecer su propia membresía.

Los bautistas también sostienen que la iglesia debe ser gobernada congregacionalmente, es decir, la congregación decide someterse a la guía de la Palabra de Dios con el liderazgo de pastores, aunque son ellos, los miembros de la iglesia, los que poseen la autoridad humana en la iglesia. Por supuesto, realmente la autoridad máxima de gobernar la iglesia recae en Jesucristo que nos gobierna mediante las Sagradas Escrituras. Pero en el aspecto humano, son los miembros de la iglesia, guiados y liderados por los pastores, los que tienen la última palabra en decisiones importantes de la iglesia (siempre y cuando no vaya en contra de la Palabra de Dios). Los miembros de la iglesia eligen pastores para que los lideren cotidianamente en fe y práctica de la Palabra. Por ejemplo, en Hebreos 13:17 Dios ordena a la iglesia obedecer a sus pastores.

Tener un gobierno congregacionalista no quiere decir que habrá una votación para cualquier tipo de decisión (como qué color tendrá la alfombra, si compramos o no una videocámara, o cuál será la próxima serie de predicaciones), pero la congregación debe tomar decisiones que son importantes y significativas para sostener fielmente el testimonio del evangelio en la comunidad. Por ejemplo, la congregación debe elegir y afirmar pastores calificados para liderarlos, diáconos para servir, y también debe elegir y afirmar quiénes están dentro o fuera de la membresía de la iglesia. En conclusión, "cada iglesia local debería ser regida por Jesucristo, gobernada por sus miembros, liderada por sus pastores/ancianos, y servida por sus diáconos."[3]

Bautistas con una cultura reformada

No todas las iglesias bautistas son iguales. En el presente, algunas

---

3 Anthony L. Chute, Nathan A. Finn, and Michael A. G. Haykin, *The Baptist Story: From English Sect to Global Movement* (Nashville, TN: B&H Publishing Group, 2015), 339.

iglesias bautistas son muy bíblicas y otras no lo son. De hecho, algunas iglesias que se llaman a sí mismas bautistas se oponen a otras iglesias bautistas en su teología, su cultura y su filosofía de ministerio. En medio de esa diversidad, hay algunas iglesias bautistas que se identifican con una forma de pensar y actuar que denominamos "reformada." Sin embargo, el término "reformado" es controversial y se entiende de maneras muy diversas. Muchos cristianos usan la palabra "reformado" como un insulto, y otros como un elogio. Por ejemplo, algunos presbiterianos dicen que es ridículo o irracional hablar de un "bautista reformado".[4] Otros dicen que una iglesia reformada sólo es aquella que se apega fielmente a la Confesión de Fe de Westminster. Ya que no existe un consenso en lo que significa ser propiamente reformado, en este libro queremos hablar más bien de una "cultura reformada." Nuestra iglesia es bautista con una cultura reformada.

¿Qué es una cultura?

Una cultura se podría definir como: una visión particular de la vida compartida por un grupo de personas. Esta visión de la vida contiene valores morales, conocimiento, intuiciones y patrones de comportamiento comunes al grupo dentro de esa cultura.[5]

Las iglesias tienen diferentes culturas a las que podemos llamar "culturas eclesiales." Algunas iglesias tienen una cultura eclesial mística. Por ejemplo, muchas iglesias pentecostales dan gran estima al poder hablar en lenguas, experimentar arrebatamientos espirituales, y obtener visiones y revelaciones frescas del Espíritu. Sus convicciones y acciones son particulares y distintas a otras iglesias.

Existen también iglesias con una cultura más sacramental. Por ejemplo, las iglesias católicas y episcopales ven con gran importancia los rituales, sacramentos, símbolos, íconos, y el orden litúrgico de sus respectivas tradiciones.

---

4 El teólogo presbiteriano Michael Allen dice, por ejemplo, "uno no puede ser bautista e identificado como 'reformado' ya que la eclesiología bautista depende de una distinción clara entre Israel y la iglesia, por lo tanto, está en desacuerdo con la forma reformada de afirmar la unidad del pacto de gracia." R. Michael Allen, *Reformed Theology, Doing Theology* (New York; London: T&T Clark, 2010), 5.

5 Para un estudio mas profundo sobre cómo definir "cultura" ver: D. A. Carson, *Christ and Culture Revisited* (Grand Rapids, MI: William B. Eerdmans Publishing Company, 2008).

La cultura de la iglesia bautista reformada es una que enfatiza la autoridad y suficiencia de la Biblia, la soberanía de Dios sobre todas las cosas, la adoración Cristo-céntrica, la centralidad de la iglesia local en la vida cristiana y la necesidad de una vida de santidad.

Convicciones y comportamientos

En conclusión, la cultura eclesial reformada se compone de dos partes: convicciones y comportamientos. Así que, con el propósito de entender claramente la cultura reformada de nuestra iglesia bautista vamos a explorar primero cuáles son sus convicciones distintivas y luego sus comportamientos.

Convicciones de una cultura reformada

Comencemos analizando algunas convicciones reformadas esenciales. Estas convicciones son comunes a todas las iglesias bautistas y no bautistas que poseen una cultura reformada. Sin pretensiones de ser exhaustivo, las siguientes son convicciones comunes a una mentalidad reformada que hacen la diferencia en la vida cotidiana de la iglesia local.

Tenemos un énfasis teocéntrico en lugar de antropocéntrico

La iglesia existe para Dios, para su gloria y para la edificación de sus redimidos. Ser teocéntrico (Dios-céntrico) significa hacer todas las cosas pensando primeramente en agradar y honrar a Dios antes que a los hombres. No rechazamos la importancia de contextualizar la forma en que hacemos el ministerio, pero sí resistimos la tendencia moderna a redefinir y reestructurar la iglesia con el fin de ser atractivos para el mundo y llenar los intereses de la sociedad carnal. Queremos confesar con el salmista, "No a nosotros, Señor, no a nosotros, sino a Tu nombre da gloria" (Salmos 115:1). La gloria de Dios es nuestra máxima ambición. La cultura eclesial reformada está continuamente orientada hacia Dios, su gloria, su santidad y su voluntad.

Creemos que el evangelio debe ser central en todo lo que hacemos

El evangelio es el centro que organiza todas las convicciones reformadas. El evangelio es el lente por el cual vemos todas las demás cosas. El evangelio llena y controla todas las cosas que hacemos. Estamos centrados en el evangelio de Jesucristo porque su vida y su obra redentora es la cumbre máxima de la revelación de la gloria de la gracia de Dios en la historia (Efesios 1:5-6; 2 Corintios 4:4). En la Biblia podemos leer cómo tanto el Padre como el Espíritu Santo se enfocan en el Hijo y nos instruyen a ser Cristo-céntricos (Mateo 17:5; Juan 16:14). Por eso, de principio a fin deseamos enfocarnos en el evangelio (1 Corintios 2:2), y vivir "de una manera digna del evangelio de Cristo" (Filipenses 2:27). Tal como podrán ver más adelante en este libro, nuestra vida cristiana debe estar regida por un ritmo de meditar, celebrar, vivir, y proclamar el evangelio en todas las áreas de nuestra vida.

Creemos y celebramos la soberanía de Dios en la salvación

Gozosamente confesamos que "la salvación es del Señor" (Jonás 2:9), tal como históricamente lo expresan "las doctrinas de la gracia," las cuales se pueden resumir en cinco puntos:

1. *Depravación total o inhabilidad del hombre para salvarse:* el hombre es pecador en su forma de pensar, sentir, desear, y decidir, al punto que naturalmente no puede ni quiere arrepentirse de sus pecados y regresar a Dios en fe (Colosenses 2:13).

2. *Gracia eficaz:* Ya que el hombre está "muerto en sus delitos y pecados" la salvación de Dios no es una cooperación con el hombre. Más bien, la salvación es un acto de rescate que Dios lleva a cabo de principio a fin por su gracia soberana (Efesios 2:1, 8; Filipenses 2:13). El pecador resiste a Dios todos los días y se opone a hacer su voluntad. Sin embargo, cuando Dios decide salvarlo poderosamente, la resistencia

del pecador es vencida, su corazón es renacido, y sus ojos abiertos para ver con fe la belleza de Jesucristo.

3. *Expiación definitiva:* Jesús no murió en la cruz solamente para abrir una posibilidad de salvación. Más bien, la salvación de Dios es eficaz y consiste en enviar a su Hijo a morir en la cruz para rescatar de manera definitiva a un remanente (Romanos 9:27), a su iglesia, a su novia escogida desde la eternidad (Efesios 5:25; Apocalipsis 13:8), a su rebaño escogido (Juan 10:11-18), a su pueblo (Mateo 1:21). Jesús cumplió su misión y aseguró la salvación eterna de cada uno de los que el Padre le dio para que rescatara (Juan 6:37-44; 17:2).

4. *Elección incondicional:* Este remanente se compone de aquellos que Dios "predestinó para adopción como hijos para sí mediante Jesucristo" (Efesios 1:5; Romanos 9:9-26).

5. *Perseverancia de los santos:* Enseñamos que, por causa de la tentación y la naturaleza pecaminosa, le seria imposible al cristiano mantenerse fiel en Cristo por sus propias fuerzas. Pero Dios es fiel para sostenerle. Dios sostendrá espiritualmente a su remanente escogido durante toda la vida terrenal, y por toda la eternidad. Dios no nos abandonará, sino que nos hará perseverar fielmente en la fe de Cristo (Filipenses 1:6; Romanos 8:29-30). Nosotros creemos que Dios no fallará, sino que cumplirá en nosotros sus propósitos de salvación de principio a fin (Filipenses 2:13).

Creemos en el complementarismo bíblico

En contraste con el "egalitarismo," que sostiene que no existe ninguna diferencia entre los roles de hombres y mujeres en ningún sentido ni en ningún lugar (ni en el hogar ni en la iglesia), el "complementarismo" sostiene que los hombres y las mujeres poseen roles diferentes en el hogar y en la iglesia. Estos roles se complementan gloriosamente.

Las Escrituras enseñan un orden o diseño específico que Dios ha establecido para la familia y la iglesia (Efesios 5:22-6:4; 1 Timoteo 2:11-12; 3:1-13; Tito 1:5-9; 2:3-8; 1 Corintios 14:34-35).

En la familia, la esposa debe seguir gozosa y sumisamente el liderazgo amoroso de su esposo (Efesios 5:22; 1 Pedro 3:1), y el esposo debe ser un líder que sacrifica todo por bendecir, servir, proveer y cuidar a su esposa (Efesios 5:25-27). Ambos roles son necesarios para establecer el diseño glorioso de Dios. Ambos roles, cuando se ejercen bíblicamente, conducen al florecimiento de su relación y bienestar.

En la iglesia, Dios ha diseñado una estructura que impulsa el desarrollo de la identidad masculina y femenina. Dios ha diseñado algunos oficios exclusivamente para hombres calificados. Estos ministerios son: el liderazgo y la enseñanza de toda la congregación, es decir, el rol pastoral ha sido diseñado solo para hombres calificados. Por eso creemos que la afirmación de "pastoras" o "predicadoras" en la iglesia va en contra de la clara enseñanza de la Palabra de Dios (1 Timoteo 2:9-15; 1 Corintios 14:33-38; Tito 1:6–9; 1 Timoteo 3:2–7). Creemos que Dios también ha llamado a las mujeres a liderar y enseñar en la iglesia, pero sólo en el contexto de un grupo de mujeres (Tito 2:3-5). Por supuesto, las mujeres también participan activamente en la crianza de sus hijos y el discipulado de los niños y adolescentes de la congregación.

Vemos al trabajo como una vocación de Dios

El rol de ser estudiante, esposo, padre, empleado, ama de casa, etc., se entiende como un llamado de Dios para glorificar su nombre en nuestro diario vivir. La Palabra nos invita a hacer todo como para Cristo y no para los hombres (Colosenses 3:23-24). Nuestra vida no debe estar dividida. Somos siervos para su gloria en todo lugar donde estamos, llevando la luz del evangelio a todo lugar. Todas nuestras metas son espirituales. Toda nuestra existencia debe estar inmersa en una visión de vivir para Dios en todo. Especialmente en el trabajo donde pasamos la mayor parte de nuestro tiempo.

Reconocemos la bondad y soberanía de Dios en medio de nuestros sufrimientos

Nos aferramos a la soberanía de Dios en nuestros momentos más tristes y dolorosos, sabiendo que su voluntad es inquebrantable, sabia, y amorosa. "Todo cuanto el Señor quiere, lo hace" (Salmos 135:6). No hay nada que salga de su control absoluto. En la muerte de nuestros familiares, en la perdida de nuestros empleos, en las catástrofes naturales, y en las tragedias de la vida sabemos que Dios está en control y está guiando el curso de todos los eventos que enfrentamos para hacernos el bien. "Y sabemos que para los que aman a Dios, todas las cosas cooperan para bien, esto es, para los que son llamados conforme a Su propósito" (Romanos 8:28).

Nos gozamos en la abundancia, y confiamos en la escasez. Nos alegramos en los días de bien, y esperamos en Dios reflexivamente en los días grises. "Sé vivir en pobreza, y sé vivir en prosperidad. En todo y por todo he aprendido el secreto tanto de estar saciado como de tener hambre, de tener abundancia como de sufrir necesidad. Todo lo puedo en Cristo que me fortalece" (Filipenses 4:12-13).

Comportamientos de una cultura reformada

Una cultura reformada no solo está marcada por sus convicciones. Las convicciones reformadas también producen comportamientos distintivos en nuestras iglesias locales. La fe verdadera se pone en práctica (Santiago 1:22). Veamos ahora algunos comportamientos distintivos de una iglesia bautista con una cultura reformada.

Damos un lugar central a la predicación expositiva de la Biblia

La predicación de la Palabra de Dios es central para la adoración y la vida cristiana reformada, y no hay nada que pueda reemplazar su lugar. La Biblia es el centro de operaciones que el Espíritu Santo ha creado para llevar a cabo su obra de salvación y santificación en el rebaño escogido de Dios. Por lo tanto, la predicación de la Biblia es sumamente importante.

Por lo tanto, el predicador bautista reformado debe invertir un serio esfuerzo en estudiar, orar y prepararse para exponer el significado preciso y original de un pasaje seleccionado de las Escrituras y aplicarlo a la vida y los desafíos de la congregación.

Algunas otras iglesias basan sus predicaciones en lo que sea inspirador, motivacional, moral o relevante. Nosotros queremos que la predicación semana tras semana sea primeramente fiel al significado del texto bíblico y agradable al Dios que adoramos. "Dice Jehová; pero miraré a aquel que es pobre y humilde de espíritu, y que tiembla a mi palabra" (Isaías 66:2).

La congregación tiene un rol activo cada domingo. Todos debemos "temblar ante su Palabra," es decir, escuchar con sumisión y obediencia lo que Dios dice en las Escrituras, porque Dios sigue hablando a través del significado concreto e inalterable de las Escrituras. A través de ese significado el Espíritu Santo habla a nuestras vidas cada semana y nos transforma conforme a su poder. Es casi imposible exagerar cuán importante y central es la proclamación fiel de la Palabra de Dios para la cosmovisión reformada.

Anhelamos desarrollar nuestro intelecto y razonamiento para la gloria de Dios

Tenemos un gran deseo de pensar profundamente acerca de Dios, su Palabra, y todas las cosas creadas por Dios. La felicidad eterna del ser humano consiste en conocer a Dios (Juan 17:3). Un cristiano saludable medita inteligentemente en la ley del Señor "de día y de noche" (Salmo 1:2). Pensar profundamente no es solo una preferencia, es un mandamiento de Dios. Dios nos ha llamado a amarle con toda nuestra mente (Marcos 12:30), y nos advierte que la falta de conocimiento desvía a su pueblo (Oseas 4:6). Por eso, en nuestra iglesia procuramos animar y desafiar a todos los creyentes a trabajar duro en pensar profundamente sobre Dios y en interpretar "con precisión la palabra de verdad" (2 Timoteo 2:15). Una iglesia verdaderamente reformada es aquella que busca ser conformada a las Sagradas Escrituras en todo lo que piensa, cree y hace.

Vemos a la iglesia como vital y central para la vida cristiana

La iglesia es nuestra familia. La iglesia es nuestro hogar, es el contexto donde crecemos, servimos, amamos y vivimos. La iglesia no es un edificio al que visitar o una organización a la que apoyar, la iglesia es una familia de discípulos a la que pertenecer. Un cristiano reformado piensa menos en sus preferencias y más en lo que edifica a todo el cuerpo de Cristo, piensa menos en su éxito y más en el éxito del reino visible de Dios en la tierra, piensa menos individualmente y más congregacionalmente. Un cristiano reformado no está solo, porque vive su vida íntimamente conectada a su iglesia, a su familia de discípulos de Cristo. Y por eso hace una prioridad el congregarse frecuentemente, servir diligentemente, y amar y ofrendar sacrificialmente.

Distinguimos entre miembros de la iglesia y visitantes

Es muy importante que la iglesia conozca quienes son sus miembros. La iglesia bautista con una cultura reformada sabe quién es miembro de la iglesia y quién es un visitante que no ha sido afirmado como miembro. Esto es algo bueno ya que permite a los pastores hacer su labor ante Dios, porque le rendirán cuentas por cada alma (cada miembro) de la iglesia local que pastorean. "Obedezcan a sus pastores y sujétense a ellos, porque ellos velan por sus almas, como quienes han de dar cuenta" (Hebreos 13:17). Esto también ayuda a los miembros a saber en qué consiste su compromiso para con Dios cuando decide hacer un pacto de membresía. El pacto de membresía incluye orar por los miembros, exhortarse y supervisarse unos a otros a vivir en santidad, servirse y amarse. Si no se puede distinguir entre miembros y visitantes, esta tarea seria imposible.

Promovemos una vida devocional

Notarás en nuestro vocabulario que constantemente estamos conversando sobre "devocionales familiares" y "devocionales personales." Cuando usamos estas frases nos referimos a la práctica diaria de leer la Biblia, orar y adorar a Dios en familia y en un tiempo a solas. Esos son los tres elementos de un buen devocional familiar. Simplemente (1) orar, (2) leer la biblia y (3) cantar. Para aquellas familias que tienen un padre y madre en casa, los devocionales familiares son preciosos momentos de demostrar la belleza del diseño de Dios en el hogar. En general, el esposo lidera espiritualmente a su familia a reunirse a leer un capitulo de la Biblia. Puede ser que diversas personas lean porciones del capitulo hasta terminar. Luego, es una buena practica preguntar primeramente a la esposa y luego a los niños cómo podríamos usar este tiempo de oración: qué peticiones tienen, qué preocupaciones, o qué acciones de gracias. Luego, es importante liderar a la familia a cantar juntos una canción de alabanza a Dios.

Hacemos discípulos juntos

Fuimos creados para vivir haciendo la misión de Jesucristo junto con la iglesia. Trabajamos juntos para evangelizar y discipular. Estamos haciendo discípulos juntos cada vez que nos reunimos y nos ayudamos unos a otros a impactar con el evangelio a otros, ya sea dentro o fuera de la iglesia. Cada miembro tiene un rol en hacer discípulos. Cada madre esta haciendo discípulos en su interacción diaria con sus hijos. Cada niño es motivado a hacer discípulos entre sus amistades y familiares. Cada persona debe ver cada interacción que tiene en el trabajo, en la farmacia, en el supermercado o en el restaurante como oportunidades de invitar a otros a conocer y seguir a Jesús, orando que pueda desarrollarse una relación de discipulado. Juntos trabajamos para llevar a cabo la gran comisión.

Promovemos la santificación mutua

Cuando hablo de santificación me refiero a la madurez cristiana y al avance en derrotar patrones de pecados en nuestras vidas. En una iglesia que tiene una cultura reformada debemos tener el valor y el amor para tener conversaciones difíciles e incómodas de una manera sabia, bíblica y amorosa. La iglesia debe fomentar el desarrollo de relaciones profundas entre sus miembros. No solo tenemos la responsabilidad de ayudarnos unos a otros (Gálatas 6:10) y servirnos unos a otros (Gálatas 5:13), sino también de supervisarnos y exhortarnos unos a otros "al amor y a las buenas obras" (Hebreos 10:24).

Entendemos que, si un miembro de la iglesia nos ofrece palabras de corrección bíblica, lo hace por amor a Dios y a nosotros, después de todo la iglesia es el instrumento de Dios para nuestro crecimiento espiritual. Muchas veces Dios nos corrige a través de nuestros hermanos, porque "el Señor al que ama, disciplina y azota a todo el que recibe por hijo. Es para su corrección que sufren. Dios los trata como a hijos; porque ¿qué hijo hay a quien su padre no discipline?" (Hebreos 12:6-7).

La humildad para recibir tal corrección es una indiscutible señal de gracia y sabiduría en un cristiano. El hombre sabio ama la corrección (Proverbios 9:8-11) pero el necio e impío "aborrece la disciplina" (Salmos 50:17).

Promovemos una cultura de perdón y resolución de conflictos

Jesucristo ordenó a sus discípulos a vivir un estilo de vida de perdonar y pedir perdón (Mateo 6:12; 18:21-22). Es común que las personas en lugar de lidiar bíblicamente con los conflictos en sus vidas decidan ignorar el problema sin nunca resolverlo, decidan murmurar, o decidan vengarse. Pero la Palabra de Dios nos llama a llevar vidas sabias y ejemplares que saben lidiar con conflictos personales sabia y humildemente.

Jesús nos dio claras instrucciones: "¡Tengan cuidado! Si tu hermano peca, repréndelo; y si se arrepiente, perdónalo. Y si peca contra ti siete veces al día, y vuelve a ti siete veces, diciendo: 'Me arrepiento,' perdónalo" (Lucas 17:3-4). Dios ha dicho que la iglesia debe ser el lugar más apropiado para resolver conflictos personales bíblicamente (1 Corintios 6:1-8).

---------------- RESUMEN DEL CAPÍTULO ----------------

En este capítulo aprendimos lo siguiente:

• Somos una iglesia protestante que es bautista con una cultura reformada.

• Los Bautistas son una denominación protestante que viene directamente como consecuencia del movimiento puritano inglés. Los puritanos ingleses eran cristianos reformados ejemplares que buscaban purificar la adoración y fe de la iglesia de Inglaterra. Ellos buscaban avanzar y completar la reforma o restauración de la iglesia de Inglaterra.

• El estudio cuidadoso de las Escrituras dirigió a los bautistas ingleses hacia una reforma más completa que las de otros protestantes.

• La iglesia bautista es autónoma y congregacional, procura tener una membresía regenerada, y sólo bautiza a los creyentes

• Una cultura reformada enfatiza la autoridad y suficiencia de la Biblia, la soberanía de Dios sobre todas las cosas, la adoración Cristo-céntrica, la centralidad de la iglesia local en la vida cristiana y la necesidad de una vida de santidad.

Preguntas de Reflexión:

1. ¿Cuáles son los tres elementos de un devocional familiar?

   1. _____
   2. _____
   3. _____

2. ¿Es bíblico que se instalen mujeres como "pastoras" de la iglesia?

   a. Sí, es bíblico y deberíamos tener por lo menos una o dos pastoras que represente a las mujeres de la iglesia.

b. No es bíblico. La Biblia claramente enseña que el rol de pastor esta diseñado para que sea exclusivamente un rol de hombres calificados. Dios ha diseñado a la iglesia para que tenga un orden complementarista.

3. ¿Cuáles son las tres creencias que distinguen a los bautistas de otras denominaciones protestantes históricas?

1. _____

2. _____

3. _____

UNIDOS EN LA SANA DOCTRINA BÍBLICA

"Ten cuidado de ti mismo y de la enseñanza. Persevera en estas cosas, porque haciéndolo asegurarás la salvación tanto para ti mismo como para los que te escuchan."

1 TIMOTEO 4:16

Una iglesia saludable es una que está siendo continuamente conformada a la palabra de Dios en sus creencias y sus acciones. Deseamos que el pensamiento de nuestros miembros no sea moldeado por el mundo secular o la cultura sino por la Palabra de Jesús. Esto solo sucede cuando estudiamos la Biblia a profundidad.

La sana doctrina

En general la fe cristiana se trata de un entendimiento específico de quién es Dios (Padre, Hijo y Espíritu Santo) e incluye una interpretación específica de las obras de Dios en la historia—obras como la creación del mundo o la salvación de los pecadores.

La esencia de la fe cristiana es el evangelio. Mientras profundizamos en el evangelio, y conocemos más a Jesús, notamos cómo el evangelio toca todas las esferas de la vida. Eso es lo que llamamos "sana doctrina." La sana doctrina es el evangelio bíblico aplicado en toda dirección. Es el mundo nuevo de la salvación irrumpiendo en nuestro mundo de manera poderosa y transformativa.

Hay una forma cristiana de explicar todas las cosas que existen. Hay una forma cristiana de entender a Dios y a la iglesia, por ejemplo, pero también hay una forma cristiana de entender al ser humano, la sexualidad, el trabajo, la familia, el uso de las palabras, los alimentos y el arte. Esto es lo que llamamos sana doctrina.

Credos y confesiones

Ya que la sana doctrina está plasmada en el texto bíblico de principio a fin, es necesario encontrar formas de expresar la sana doctrina de manera sucinta, precisa y resumida. Durante el transcurso de la historia del cristianismo ha habido varios resúmenes de la sana doctrina. Estos resúmenes se han conservado en documentos que llamamos "credos," "confesiones de fe" y "declaraciones." Estos documentos han sido muy útiles en la historia del cristianismo porque han servido como expresiones oficiales de fe que grupos de iglesias sostienen juntas para mantenerse fieles a la Palabra de Dios, es decir, a la enseñanza fiel de la sana doctrina. Si deseas saber más sobre cuáles credos, confesiones, y declaraciones son comúnmente afirmadas por las iglesias bautistas te invito a leer el primer apéndice en la parte final de este libro.

Usualmente los credos y confesiones se han enfocado en resumir las partes más importantes y esenciales de la fe cristiana. Cada una de estas enseñanzas son esenciales para cualquier cristiano que desea ser maduro en la fe.

En el resto de este capítulo te presentamos un ejercicio interactivo en el que podrás profundizar en las enseñanzas bíblicas más importantes, es decir, explorarás lo que muchos llaman "la sana doctrina."

ESTUDIO INTERACTIVO DE TEOLOGÍA

Hay algunas creencias bíblicas esenciales que un cristiano debe sostener para poder ser miembro de una iglesia bíblica. Por lo tanto, te invitamos a hacer el siguiente ejercicio interactivo que te permite expresar tus creencias y estudiar diversos temas bíblicamente por ti mismo. La dinámica que debes seguir es la siguiente:

1. Primero debes leer cada pregunta atentamente y responderla con

cuidado, hasta llegar al final.

2. Luego debes consultar si tus respuestas estuvieron correctas en el último apéndice al final de este libro. Cuando estés en esta etapa no borres tus respuestas incorrectas (si llegas a tener alguna), solo señala que estuvieron incorrectas y prosigue a marcar la opción acertada. Ellas te servirán para darte cuenta de las áreas en que debes seguir creciendo en conocimiento bíblico.

3. Al mirar el apéndice te darás cuenta de que no solo contiene la respuesta del ejercicio, sino que también contiene un estudio bíblico que explica por qué esa respuesta es correcta. Mientras corriges tus respuestas, te invito a tomar el tiempo de leer estos estudios, sobre todo en áreas que te resulten interesantes. Quizás algunos de estos estudios bíblicos te ayuden a aprender algo que no sabías o a enseñarle a alguien más lo que dice la Biblia sobre el tema.

Recuerda que este ejercicio no es un examen. Es un ejercicio de meditación bíblica y espiritual. Al final lo más importante no es que respondas todo correctamente desde el primer intento. Lo importante es que seas enseñable y puedas afirmar que estás de acuerdo con todas las respuestas correctas que presentamos en el último apéndice del libro.

Ahora estas listo. Te invito a disfrutar de este ejercicio. ¡Cuan maravilloso es meditar en la Palabra de Dios! Te animo a pensar como el salmista que dice, "Meditaré en Tus preceptos, Y consideraré Tus caminos. Me deleitaré en Tus estatutos, Y no olvidaré Tu palabra" (Salmo 119:15-16).

1. **¿Cuántos Dioses realmente existen?**

   a   Uno
   b   Dos
   c   Tres
   d   Muchos

2. ¿Es Jesús Dios?

   a Sí, Jesús es mitad Dios y mitad hombre.

   b Sí, Jesús es un hombre que se convirtió en un Dios.

   c No, Jesús es un hombre que Dios adoptó como su Hijo especial.

   d No, Jesús es un ángel.

   e Sí, Jesús es Dios encarnado. Completamente Dios y completamente hombre.

3. ¿Es Jesús hombre?

   a No, Jesús es Dios, él nunca se volvió hombre.

   b No, Jesús es sólo una aparición de Dios.

   c Sí, Jesús fue un hombre, pero no fue Dios.

   d Sí, Jesús fue verdaderamente hombre y verdaderamente Dios; Dios encarnado.

   e No, Jesús es realmente el ángel Miguel.

4. ¿Qué sucedió cuando Jesús fue concebido en el vientre de María?

   a Dios perdió sus poderes para vivir como hombre.

   b Dios tomó una carne humana aparentando ser hombre.

   c Cuando Jesús fue concebido, el Dios verdadero se hizo verdaderamente hombre: dos naturalezas en una persona.

   d Una porción de Dios se volvió hombre, de tal manera que Jesús es semejante a Dios, pero no completamente Dios.

5. ¿Quién es el Espíritu Santo?

   a El Espíritu Santo es una fuerza sin personalidad.

   b El Espíritu Santo es solamente el aliento de vida que tenemos los seres humanos.

c   El Espíritu Santo es una persona divina. La tercera persona de la Trinidad.

d   El Espíritu Santo es una criatura poderosa de Dios.

6. ¿Cuál de estas es la afirmación correcta de la doctrina de la Trinidad?

a   Existen tres dioses separados, el Padre, el Hijo y el Espíritu Santo, y ellos conviven en armonía.

b   Existe un sólo Dios que ha tomado tres formas en la historia humana. A veces aparece como Padre, a veces como Hijo, y a veces como Espíritu, pero siempre es la misma persona.

c   Dios es un solo ser existiendo tres personas distinguibles: Padre, Hijo y Espíritu Santo. Un sólo Dios subsistiendo en tres personas.

d   Existe un sólo Dios que es Dios el Padre. El Hijo y el Espíritu Santo son sus criaturas.

7. ¿Dios acepta toda adoración?

a   Sí, Dios recibe la adoración de todos los dioses de otras religiones.

b   Sí, todas las religiones son básicamente iguales, a Dios le importa que seamos buenos.

c   No, Dios requiere que le adoremos sólo como cristianos y sólo bíblicamente. Debemos venir a Dios solo a través de su Hijo, el único mediador entre Dios y los hombres.

8. ¿Por qué fuimos creados?

a   Somos un accidente del universo.

b   Fuimos creados porque Dios nos necesitaba para que fuéramos sus ayudantes o servidores.

c   Fuimos creados a la imagen de Dios para conocer, obedecer, glorificar y disfrutar de Dios para siempre.

d Fuimos creados hijos de Dios para llegar a ser Dioses nosotros mismos.

9. **¿Cuál es el propósito principal de la humanidad?**

a Lograr ser independientes y prósperos, ser buenas personas y disfrutar la vida.

b Nuestro propósito es glorificar a Dios y disfrutar de él
para siempre.

c Sufrir, soportar el trabajo, sufrimiento y pesares de este
mundo.

d Trabajar para volvernos la mejor versión de nosotros mismos. Superarnos y ser felices lo más pronto posible.

e Disfrutar lo que tengamos de vida haciendo lo que mejor
nos parezca y lo que nos produzca placer: comamos y be-
bamos que mañana moriremos.

10. **¿Qué tan santo fue Jesús? ¿Alguna vez llegó a pecar?**

a Jesús vivió de una manera ejemplar y piadosa, pero no fue
perfecto. Así como todo ser humano, Jesús también pecó.

b Jesús vivió en completa obediencia a los mandamientos de
Dios y nunca pecó en ningún sentido. Él vivió como un
hombre perfecto y sin fallas.

c No sabemos si Jesús peco o no peco. Pero eso no tiene
ninguna importancia. Él sigue siendo nuestro Dios y salvador, aunque haya pecado.

11. **¿Cuál es el significado principal de la crucifixión de Jesucristo?**

a En la cruz Jesús sólo nos dio un ejemplo de que debemos
amarnos más.

b En la cruz Jesús fue una víctima más del imperio romano.

c En la cruz Jesús estaba tomando el lugar del pecador, car-
gando nuestro pecado sobre sí mismo para llevar el justo
castigo que nosotros merecíamos y poder salvarnos. El

propósito de la cruz es lidiar con el pecado.

d   En la cruz Jesús fue un hombre tratando de convencer a Dios que nos mostrara misericordia.

e   En la cruz Jesús me salvó de mi pobreza económica, de mis enfermedades y de toda cosa mala que me pueda suceder en esta vida. El propósito de la cruz es darme bienestar.

12. ¿De qué manera resucitó Jesús?

a   Jesús solamente resucitó en los corazones y almas de sus discípulos.

b   La resurrección es simbólica, no literal. Jesús vive en el mensaje de esperanza y fe, pero su cuerpo muerto no volvió a cobrar vida.

c   La resurrección de Jesucristo fue literal. El cadáver sepultado volvió a la vida. Jesús vive hoy en carne y hueso con un cuerpo glorificado.

d   En la resurrección Dios creo un cuerpo totalmente nuevo para su Hijo, no el cuerpo que fue crucificado. De esta manera la resurrección es como un tipo de reencarnación.

13. ¿Jesús va a venir por segunda vez?

a   Jesús dijo que vendría pronto, pero se equivocó. Todos cometemos errores.

b   Jesús ya vino por segunda vez.

c   La segunda venida de Jesús es simbólica, no literal. Él viene por segunda vez cuando viene a vivir en nuestros corazones. Todos nos encontraremos con Él en el cielo.

d   Jesús vendrá nuevamente en gloria para juzgar todas las naciones, derrotar todos sus enemigos y consumar su gobierno de paz, justicia y santidad eterna. Esto es el nuevo cielo y la nueva tierra.

e   Jesús no vendrá, nunca lo veremos.

14. ¿Quiénes son pecadores?

a   Aunque hay mucha gente mala, no todas las personas son pecadoras. Hay mucha gente buena.

b   Todos nacemos inocentes, amigos de Dios, pero al crecer nos volvemos pecadores y nos alejamos de Dios.

c   Desde que nacen, sin excepción, todos los seres humanos sin Cristo son pecadores y están bajo la ira y maldición de Dios.

15. ¿Cuáles son las consecuencias de ser pecador?

a   Pecar tiene consecuencias negativas en esta vida, pero no en la eternidad. Al final, Dios aceptará a todos los pecadores en el cielo.

b   Dios es amor, por eso él no puede castigar a nadie. Él no ve nuestro pecado.

c   Todo pecador sin Cristo está continuamente bajo la ira de Dios y la maldición de la ley que lo condena en esta vida y en el infierno eternamente.

d   La mayoría de las personas no están bajo la maldición de Dios. Dios sólo cuenta como pecados aquellos actos de maldad grave como matar, robar o ciertos crímenes terribles.

e   Dios no juzga al pecador. Dios prefiere tratar a la humanidad como un padre, un amigo y un protector. Como buen padre Dios prefiere pasar por alto todos los pecados de la humanidad sin darle mucha importancia.

16. ¿Cómo un culpable pecador puede reconciliarse con Dios?

a   Si tomamos una firme decisión de cambiar y ser mejores, y comenzamos a comportarnos como a Dios le gusta, Dios será nuestro amigo para siempre.

b   Si confieso mis pecados a alguien, especialmente si es un pastor o sacerdote, Dios me perdonará y me dará una nueva oportunidad de vivir en amistad con él.

c Dios me va a castigar por pecar, quizás con una enfermedad, un fracaso, o una tribulación, pero después de soportar su castigo, Dios volverá a reconciliarse conmigo.

d Solamente puedo reconciliarme con Dios si me arrepiento
de mis pecados, los abandono, y me acerco a Dios con fe
en la salvación gratuita que me ofrece Jesucristo. Mis esfuerzos no pueden lograr nada. Pongo el futuro eterno de
mi alma en las manos de Jesús mi salvador.

e Si un pecador trata de reponer el daño causado puede reconciliarse con Dios.

17. ¿Cómo puedo saber si soy realmente cristiano?

a Es imposible saber. No sé si voy a ir al cielo o al infierno.
Algún día lo sabré.

b No sé si soy realmente cristiano, pero sé que estaré con
Dios por siempre porque no soy una mala persona.

c Estoy seguro de que soy cristiano porque conozco el evangelio bíblico, toda mi confianza está puesta en Jesucristo
para mi salvación según las promesas de Dios, y veo en
mi vida frutos de conversión, arrepentimiento y obras de
amor. De esta manera el Espíritu Santo me testifica que
soy hijo de Dios.

d Llevo muchos años asistiendo a la iglesia y conociendo las
cosas de Dios. Eso me asegura que soy cristiano.

18. ¿Cómo podríamos resumir el evangelio?

a El evangelio es el mensaje de que debemos dejar de ignorar a Dios y debemos comenzar a vivir como personas de
bien. Debemos ser personas que aman, que son generosos
y justos unos con otros. Dios nos dice en el evangelio que
vivamos de una manera bondadosa y seremos bendecidos.

b El evangelio es el mensaje de que Jesús vivió una vida sin
pecado, murió en la cruz como un sacrificio recibiendo el

castigo que merecíamos, y resucitó venciendo a la muerte y el pecado, para que cualquiera que se arrepienta de sus pecados y crea en Jesús sea salvo gratuitamente.

c   El evangelio es el mensaje de que debemos obedecer los mandamientos de la Biblia, y si lo hacemos con sinceridad y con diligencia, Dios nos bendecirá en esta vida y por la eternidad.

d   El evangelio son las buenas noticias de que Dios ama a toda la humanidad y tiene planes maravillosos para cada uno de nosotros. Debemos dejar de angustiarnos y comenzar a vivir confiados en que Dios esta de nuestro lado.

19. ¿Qué significa ser un discípulo de Jesús?

a   Un discípulo de Jesús se caracteriza por desechar su vida de pecado para seguirle con todo su corazón. Esto lo hace al identificarse con Jesús a través del bautismo y caminar junto con su iglesia en adoración y obediencia a su Palabra en todas las áreas de la vida.

b   Ser un discípulo de Cristo significa que tengo un deseo de venir a la iglesia.

c   Ser un discípulo significa tener una relación personal con Jesús, pero no incluye un llamado a ser un fiel miembro de su iglesia.

d   Ser un discípulo significa que estoy apasionado por Jesús, pero no involucra servir, ofrendar generosamente o evangelizar.

e   Ser un discípulo significa que creo en Cristo, pero no estoy obligado a obedecerle.

20. ¿Qué es la iglesia?

a   La iglesia es sólo un edificio donde personas se reúnen a expresar su fe.

b   La iglesia es una institución religiosa creada por personas que desean tener una fe en común.

c La iglesia es sólo una sociedad de personas que desean hacer el bien al prójimo, ayudar al pobre y animar al decaído.

d La iglesia, en un sentido general es el número total de redimidos de Dios en todas las épocas y lugares. En un sentido específico, la iglesia local es un grupo de creyentes bautizados, comprometidos a cuidarse unos a otros, que se reúnen regularmente para adorar a Dios a través de Jesucristo, para ser exhortados por la Palabra de Dios y para celebrar las ordenanzas de Cristo (el bautismo y la cena del Señor), bajo la guía de líderes debidamente constituidos.

21. ¿Cuál día la iglesia se reúne para adorar a Dios congregacionalmente?

a Dios debe ser adorado el día sábado como dicen los diez mandamientos. Ese día está prohibido trabajar. Las iglesias obedientes deben reunirse siempre los sábados.

b Todos los días debemos reunirnos como congregación a adorar a Dios, pero los quehaceres de la semana no nos permiten obedecer este mandamiento.

c No importa cuál día se reúne la iglesia. La Biblia no dice absolutamente nada sobre el tema.

d La iglesia cristiana adora a Dios congregacionalmente el primer día de la semana (domingo). Aunque no hay un mandamiento explícito, la Biblia enseña que los cristianos se reunían el primer día de la semana (domingo) para adorar congregacionalmente, conmemorando así el día que Jesús resucitó. Por eso al domingo se le llama el día del Señor. Los cristianos deben esforzarse por apartar ese día para dedicarse a la adoración y actividades de devoción espiritual.

22. ¿Qué significado tiene el Bautismo?

a El bautismo tiene poder. Cuando alguien se bautiza Dios

lo salva, le perdona sus pecados y lo hace una nueva criatura. Las aguas se llevan el pecado y la persona es renovada.

b El bautismo sólo es una forma de celebrar que soy cristiano. Me puedo bautizar cada vez que deseo celebrar mi fe.

c El bautismo no es necesario, sólo es una antigua tradición de hombres. Lo que importa es la fe.

d El bautismo no produce perdón de pecados ni salvación, sino que es un símbolo y una ordenanza. El bautismo expresa públicamente o dramatiza tres cosas que sucedieron cuando nos arrepentimos y creímos en Jesucristo: (1) Que en Cristo hemos muerto al pecado y resucitado a una nueva vida. (2) Que hemos sido espiritualmente unidos a Cristo y a la iglesia. (3) Que hemos renunciado a la vida vieja de pecado y hemos comenzado una vida nueva en obediencia a Cristo junto a la iglesia. El bautismo bíblico sólo ocurre una vez. El bautismo debe ser por inmersión después de haber sido un verdadero creyente, en el nombre del Padre, Hijo y Espíritu Santo, en una congregación que afirma el evangelio verdadero.

23. ¿Qué tiene de especial la Cena del Señor?

a Al tomar la Cena del Señor nuestros pecados son perdonados, nuestras almas purificadas y nuestros cuerpos sanados.

b Cuando el pastor ora, el pan y el jugo se convierten milagrosamente en el cuerpo y sangre de Jesús, de tal manera que estamos literalmente comiéndonos a Jesús y sacrificándolo para el perdón de nuestros pecados.

c La cena del Señor es una práctica ordenada por Cristo donde los creyentes bautizados que son miembros de la iglesia, al participar con fe del pan y la copa, se benefician espiritualmente al recordar con fe viva la muerte de Cristo y anunciar su venida.

24. ¿Es ofrendar y diezmar una responsabilidad cristiana?

a　No, a Dios no le importa lo que yo haga con mi dinero. A Él le importa lo que yo haga con mi corazón. Un cristiano no debe sentir que Dios espera que ofrende y diezme.

b　La Biblia enseña que los cristianos tenemos la responsabilidad de ofrendar de forma generosa y voluntaria para adorar a Dios con nuestros recursos, sostener el ministerio de los pastores de la iglesia, y aportar al sostenimiento de la iglesia. Dar el diez por ciento no es una obligación cristiana, como lo fue para Israel, pero dar el diez por ciento sirve como una buena forma de administrar nuestras ofrendas de manera organizada y fiel para la gloria de Dios.

c　El Antiguo Testamento manda a Israel a diezmar y ofrendar, pero nosotros no somos Israel. Dios no obliga a ningún cristiano a aportar económicamente a la iglesia, a los pastores, o a las misiones. El diezmo y las ofrendas son simplemente una tradición humana.

d　El diezmo y las ofrendas no son una responsabilidad, son una preferencia. A algunas personas les gusta ser generosos con la obra de Dios y otros tienen otras preferencias. Dios no pedirá cuentas por eso a los cristianos.

25. ¿Cómo la Biblia dice que debo relacionarme con los pastores de la iglesia?

a　Los pastores son simplemente otros hermanos de la iglesia. No debo tratarlos con ninguna distinción u honor. Tampoco les debo ninguna obediencia. Yo solo escucho y obedezco a Dios.

b　Los pastores son hipócritas egocéntricos que desean la atención de la gente. No confío en pastores. Yo sigo a Dios individualmente como me parece.

c　Los pastores son hermanos en Cristo llamados a servir liderando a la iglesia bíblicamente. Ellos deben tener un carácter ejemplar, parecido al de Cristo. Por lo tanto, no debemos temerles, o venerarles, sin embargo, tampoco debemos despreciarles. Más bien, la Biblia enseña que debo respetar a mis hermanos pastores, imitar su forma de vida, honrarlos, sostenerles financieramente y someterme a ellos (siempre y cuando no estén contradiciendo la Biblia).

d Los pastores son hombres cristianos especiales. Son santos hombres de Dios ungidos especialmente para representar a Dios entre nosotros. Así que, debemos venerarles, temerles, y obedecerles en todo sin cuestionar.

26. ¿Cómo debemos lidiar con conflictos personales en la iglesia?

a Debemos callarnos y dejar pasar todos los conflictos. Dios le rinde cuentas a cada uno de sus hijos. Yo debo preocuparme de mis pecados, y los demás de los suyos. El cristianismo es individual.

b Debemos orar un tiempo y considerar en primer lugar si nosotros estamos malentendiendo la situación. Luego hablar con la persona con la que tenemos conflicto primeramente para aclarar si es que estamos malentendiendo la situación. Nuestras palabras deben comunicar la verdad en amor y humildad. Si el problema continúa, debemos ser valientes y hablar con el pastor en vez de murmurar o quejarnos con otros hermanos o familiares, lo cual es un grave pecado ante Dios. Entre los cristianos la resolución de problemas es un estilo de vida constante.

c Dios desea que seamos pacíficos, pero no podemos controlarnos. Si alguien me ofende o comete un pecado, seguramente responderé de manera irrespetuosa o apresurada. Si el problema sigue creciendo, me tendré que ir a otra iglesia. Todos somos pecadores.

27. ¿Es perdonar una obligación cristiana?

a No, un cristiano debe perdonar ofensas pequeñas, pero

siempre hay cosas que no se pueden perdonar.

b   Sí, debemos perdonar, pero no es una obligación cristiana. Perdonar es una preferencia. Algunos prefieren perdonar y otros prefieren seguir guardando rencor.

c   Sí, un cristiano verdadero no puede vivir sin perdonar. Si creemos que es imposible perdonar, debemos preguntarnos seriamente si hemos comprendido el evangelio de salvación.

28. ¿Cuál es la voluntad de Dios para nuestra sexualidad?

a   La sexualidad es una consecuencia del pecado. A Dios no le agrada la sexualidad humana. El pecado nos corrompió y nos llevó a tener deseos sexuales. Si alguien desea verdaderamente seguir a Dios debe elegir el celibato.

b   Está bien que viva con mi novio o novia. Dios no tiene opiniones sobre la sexualidad. Él es demasiado superior para pensar en detalles tan mundanos e insignificantes como nuestras preferencias sexuales. No sabemos cuál es la voluntad de Dios para la sexualidad.

c   Dios diseñó la sexualidad humana como algo bueno y santo para ser expresada y disfrutada única y exclusivamente dentro del contexto del matrimonio. En nuestros días cualquier expresión sexual fuera del matrimonio legal, heterosexual y monógamo es pecado contra Dios y amerita arrepentimiento genuino.

d   Dios nos creó con diferentes sexualidades y debemos expresarlas. Dios diseñó algunas personas para que tuvieran una sexualidad diferente. Cualquier expresión sexual es buena y no debemos juzgarla.

29. ¿Es pecado la homosexualidad, el lesbianismo, la promiscuidad, y los cambios de identidad sexual?

a   No. Estas son expresiones individuales de cada uno. Dios nos crea diferentes. Algunos son creados heterosexuales y otros homosexuales, algunos son creados hombres, otras son mujer, y otros son creados sin género o con un género distinto a su sexo biológico. Todo es parte de la diversidad de la creación de Dios.

b   Dios creó al ser humano a su imagen y semejanza. Los creó hombre y mujer con la intención de que se unieran en matrimonio heterosexual y monógamo, y se procrearan. Toda desviación o perversión de este diseño es una rebelión en contra de Dios. El homosexualismo, lesbianismo, promiscuidad y cambio de identidad sexual son pecado.

c   El homosexualismo, lesbianismo, promiscuidad y cambio de identidad sexual no es parte del diseño original de Dios, pero Dios tiene compasión de cada ser humano. Por lo tanto, Dios no se ofende por sus estilos de vida sexual. Dios no lo ve como pecado sino como una identidad distinta.

30. ¿Es pecado convivir o mantener relaciones sexuales con alguien con el que no estoy casado?

a   A Dios no le importa esas cosas. Si duermo o convivo con alguien, eso no afecta mi relación con Dios o mi convicción de que soy un verdadero cristiano.

b   A Dios lo que le importa es la fidelidad, no el estar o no estar casados. Si soy fiel a mi pareja Dios aprueba nuestra relación, aunque no estemos casados.

c   Un cristiano que intencionalmente convive íntimamente con su pareja con la que no esta casada debe arrepentirse. Y también debería preguntarse si realmente lo ha dejado todo para seguir a Cristo, o si su profesión de fe es una farsa. Dios explícitamente condena la fornicación, la inmoralidad sexual, y cualquier expresión de los deseos sexuales fuera del contexto del matrimonio legal, heterosexual y monógamo.

d   Dios tiene planes distintos para cada persona. A veces

Dios llama a algunos a casarse y a otros a mantenerse conviviendo íntimamente sin tomar el paso del matrimonio.

31. ¿Es la práctica del aborto pecado?

a Dios nos da la libertad de tomar esas decisiones a nosotros. El aborto es una decisión de lo que yo hago con el cuerpo que me pertenece a mí. Dios no se entromete.

b El aborto es algo bueno para algunas personas y algo malo para otras. Si una mujer decide tener su hijo, hace bien. Pero si otra mujer decide acabar con la vida de su bebé, debemos asumir que tiene buenas razones para hacerlo. Dios considera amorosamente el contexto de cada uno.

c El aborto es un grave pecado. El aborto es acabar con la vida de un inocente e indefenso ser humano, creado a la imagen de Dios, en su etapa más vulnerable. Debemos hacer todo lo que podamos para acabar con la cruel y atroz práctica del aborto.

d Es un tema debatible con argumentos buenos en cada lado. Las iglesias cristianas no deberían tomar ninguna posición al respecto. Más bien, sólo enfoquémonos en hablar de Jesús.

32. ¿Es el racismo pecado?

a La mezcla de razas es pecado. Cada raza debe mantenerse conviviendo en su propio grupo racial y no mezclarse. Dios no desea que las razas humanas se mezclen entre sí.

b Sí, el racismo es pecado. Los cristianos deben condenar todo tipo de divisiones, prejuicios, favoritismos, persecución o discriminación basados en distintas tonalidades de piel, clase social, estatus económico, o distinciones culturales, nacionales o idiomáticas. "Raza" es una categoría anti-bíblica. Somos una sola raza humana creada a la imagen de Dios. La Biblia vence la ideología racista desde su raíz exponiendo que su fundamento es falso (no existen diversas razas) y anunciando que realmente todos somos hermanos.

c   Los seres humanos están divididos en diversas razas. Debemos reconocer que Dios creó algunas razas inferiores y a otras superiores. El racismo es natural. Todos somos racistas y debemos aceptarlo

d   Es un tema debatible con argumentos buenos en cada lado. Las iglesias cristianas no deberían tomar ninguna posición al respecto. Más bien, sólo enfoquémonos en hablar de Jesús.

Preguntas de Reflexión:

1.   ¿Llenaste este capítulo completo?

   a. Sí
   b. No

2.   ¿Confirmaste o corregiste todas tus preguntas con el último apéndice al final de este libro?

   a. Sí
   b. No

3.   ¿Estás sinceramente de acuerdo con todas las respuestas correctas propuestas en el último apéndice al final de este libro? Es importante que estés completamente de acuerdo, ya que las respuestas correctas expresan la fe de esta iglesia local.

   a. Sí, estoy totalmente de acuerdo con las respuestas correctas del último *apéndice.*
   b. No, no estoy de acuerdo con algunas respuestas "correctas" del último *apéndice.*

La Membresía

El evangelio que salva al perdido es el mismo que santifica al creyente, y que guía la vida de cada miembro de la iglesia. Cada día, procura meditar, celebrar, practicar y proclamar el evangelio de Jesús en tu vida personal, familiar, eclesial y misional.

PREGUNTAS Y RESPUESTAS SOBRE SER MIEMBRO DE LA IGLESIA LOCAL

"Si alguien dice: «Yo amo a Dios», pero aborrece a su hermano, es un mentiroso. Porque el que no ama a su hermano, a quien ha visto, no puede amar a Dios a quien no ha visto. Y este mandamiento tenemos de Él: que el que ama a Dios, ame también a su hermano."

1 JUAN 4:20-21

1. ¿Por qué esta iglesia tiene un proceso formal de membresía?

Para muchas iglesias un visitante es considerado miembro de la iglesia desde el momento que pasa por las puertas de la iglesia. Para otras, no es muy diferente. Cuando el visitante se ha mantenido asistiendo por algunas semanas o meses, ya pude considerarse miembro de la iglesia. Pero ¿Qué lo hace miembro? ¿Cuándo sucede el cambio de ser visitante a miembro y qué conlleva? ¿Acaso no demuestra gran sabiduría el tener un proceso claro y bíblico en las iglesias para guiar a un visitante a volverse miembro? Esta no es solo mi opinión. Esto refleja el razonamiento de la iglesia desde sus primeros años y a través de toda la historia del cristianismo.

Lamentablemente muchas iglesias en nuestros días han abandonado la sabia práctica de contar con un proceso formal de membresía. El proceso de membresía es ese proceso por medio del cual tú puedes conocer bien a la iglesia y ser conocido por la iglesia antes de comprometerte formalmente con la familia de la fe.

Cuando una iglesia abandona su interés por purificar su membresía, con el tiempo comienza a verse controlada por miembros que no son verdaderos cristianos y, por lo tanto, piensan como el mundo, viven como el mundo y desean ver el mundo moldeando a la iglesia. Por eso es que ser un buen miembro de una iglesia local es uno de los llamados más importantes que Dios hace a todo cristiano.

Por la gracia de Dios, en las últimas décadas, en gran parte por la influencia del movimiento cristiano reformado, el mundo cristiano está renovando su interés en el tema de la membresía de la iglesia. Aquí te dejamos una lista de recursos recomendados para profundizar en el tema:

- El libro: *"El Cuerpo de Cristo: ¿Por qué debo ser un miembro de la iglesia local?,"* escrito por Sugel Michelén.
- El libro: *"Comprometiéndonos Unos Con Otros: La Membresía de la Iglesia,"* escrito por Bobby Jamieson.
- El libro: *"La Membresía de la Iglesia,"* escrito por Jonathan Leeman.
- El libro: *"Una Iglesia saludable: Nueve características,"* escrito por Mark Dever.

2. ¿Qué significa la membresía de la iglesia?

La iglesia es el cuerpo de Cristo que se compone por sus miembros, de quienes Cristo es la cabeza (Colosenses 1:18). La Biblia usa la metáfora de un cuerpo con muchos miembros para referirse a la congregación de cristianos (1 Corintios 12:27). La membresía de la iglesia es el proceso de reconocimiento y afirmación de aquellas personas que oficialmente componen la iglesia local. En otras palabras, la membresía de la iglesia es la iglesia.

3. ¿Qué requiere de nosotros el volvernos miembros de una iglesia?

Veamos una lista de algunas características puntuales que describan más claramente lo que significa ser un miembro de la iglesia:

- Ser miembro significa identificarse públicamente y de todo corazón con una familia especifica de discípulos de Jesucristo. Es una unión oficial a la familia de la iglesia local.

- La membresía es señalada y marcada por un pacto con la iglesia y la participación de las ordenanzas (el Bautismo y la Cena del Señor).

- Ser miembro de la iglesia incluye abrazar relaciones de autoridad y sumisión hacia los pastores (Hebreos 13:17), y hacia otros miembros (Efesios 5:21). Tal como observa Jonathan Leeman, "El individualismo…no está fundamentado en ser anti-comunidad. Todos aman la idea de comunidad…más bien, [el individualismo] está fundamentado en ser anti-autoridad: Con mucho gusto pasaré el rato contigo, siempre y cuando no me digas quién tengo que ser o qué tengo que hacer."[1] Cuando buscas abrazar tu identidad como miembro del cuerpo de Cristo estás crucificando tus tendencias individualistas para seguir el diseño de Cristo en tu vida.

- Ser miembro de la iglesia implica congregarse constantemente como un compromiso prioritario en la vida, tal como Dios lo ordena en su Palabra (Hebreos 10:25).

- Ser miembro incluye el desarrollo de un sentido de pertenencia donde la iglesia es tu familia y tu ministerio, en el cual quieres invertir tu tiempo, talento y dinero.

- Ser miembro implica comprometerse a servir, edificar y cuidar a cada miembro del cuerpo en su iglesia local (1 Corintios 14:12; Efesios 4:11-15).

- La membresía también incluye aceptar la disciplina en la iglesia (Mateo 18:15-18; Gálatas 6:1; 2 Tesalonicenses 3:6–15; 1 Timoteo 5:19–20; Tito 3:9–11). La disciplina eclesiástica es simplemente la manera en la que unos a otros nos exhortamos a vivir "como es digno del evangelio" (Filipenses 1:27) hasta que Cristo sea formado en nosotros (Gálatas 4:19).

Esta es la forma a la que hemos sido llamados a vivir en el cuerpo de Cristo. Todas estas relaciones son resumidas con la frase: la mem-

---

1 Jonathan Leeman, *Don't Fire your Church Members: The Case for Congregationalism* (Nasville, TN: B&H Academic, 2016), vii.

bresía de la iglesia. Jesús mismo pidió al Padre "que todos sean uno. Como Tú, oh Padre, estás en Mí y Yo en Ti" (Juan 17:21).

En conclusión, volverse un miembro de la iglesia significa hacer un compromiso que va más allá de ti mismo y tus intereses. Es vivir para Dios y para el prójimo.

4. ¿Cómo la membresía en la iglesia debe cambiar mis prioridades y la forma en que uso mi tiempo?

Un error muy común entre los cristianos es convertir la membresía de la iglesia en un simple formalismo—con muchas palabras, pero poca acción. Muchos cristianos solo se vuelven miembros de la iglesia en papel, pero no en la vida real. Muchos están dispuestos a afirmar que se han unido a la familia de Dios, que ahora son discípulos entregados a una comunidad de discípulos, pero continúan viviendo en un espíritu de individualismo. O peor aún, continúan dando prioridad a otros grupos o comunidades con los cuales ya estaban afiliados anteriormente, dejando lo poco de tiempo que les sobra a su iglesia local. Pero unirte a la iglesia en muchos sentidos es una invitación a morir a una vida vieja para vivir una vida nueva dentro de un cuerpo local de creyentes, y esto debe verse reflejado especialmente en la manera en que un cristiano decide usar su tiempo.

¿Con quién pasas tu tiempo? ¿En quiénes estás invirtiendo espiritualmente? ¿A quién le rindes cuentas? ¿En dónde sirves? ¿A quién invitas a comer o a pasar una tarde de entretenimiento? En otras palabras, ¿Quién es tu verdadera iglesia? Es tu verdadera iglesia tu iglesia local o un grupo distinto de personas.

Muchas veces pueden existir comunidades en nuestras vidas que se levantan como rivales de la iglesia local, buscando consumir nuestro tiempo y atención a tal punto que nos alejan de vivir en conexión con nuestra congregación. Todo esto proviene de un mal entendimiento de qué es la iglesia y cuál debe ser su rol en nuestra vida cristiana.

La iglesia no es simplemente un lugar al que asistimos, es una familia a la cual hemos sido dados. Cuando nos volvemos miembros de una iglesia, Dios mismo nos entregada a un grupo específico de discípulos para vivir en amor, compromiso y unidad. Por lo tanto, el uso de nuestro tiempo debe reflejar esta relación a la cual hemos sido unidos. Por supuesto, podemos tener amistades y grupos sociales fuera de nuestra iglesia local, pero estos grupos siempre deben ser secundarios a tu iglesia en importancia, en atención, en cercanía y en la cantidad de tiempo invertido.

En conclusión, para responder a esta pregunta de cómo debe la membresía de la iglesia cambiar la forma en que manejas tu tiempo, déjame presentarte esta ilustración. Cada vez que un miembro decide mudarse o cambiar de iglesia por alguna razón, le digo estas palabras:

> Ahora que vas a unirte a una iglesia nueva, deseo darte este consejo: busca ser un excelente miembro de la iglesia a la que vayas. Sé un miembro que ora por los pastores, líderes, y otros miembros. Sé intencional en conocer a diversos hermanos, procura servir y buscar formas de usar tus dones para el beneficio de la iglesia. Ten cuidado de cómo usas tu tiempo. Usa tu tiempo para crecer en amor y unidad con esos nuevos hermanos. Serás tentado a aferrarte a las comunidades que tenías en el pasado, y descuidar tu nueva familia en Cristo. Pero tú, resiste esa tentación y entrégate a esa nueva comunidad de una manera profunda y sincera. Al principio será un desafío, pero sé perseverante y procura conectarte con diversos hermanos. Sé un pescador de hombres, e invita a personas a unirse a tu iglesia. Ama a tus hermanos con todo el corazón, poniéndolos en primer lugar, antes que a cualquier otro amigo o conocido, porque serán tu familia, porque Dios te ha entregado en sus manos, y porque juntos son el cuerpo de Cristo.

Esas palabras también son para ti. ¡Que Dios te guíe a vivir una vida que busca glorificarle como miembro de su cuerpo! Que digas con gozo en tu corazón: "Una cosa he pedido al Señor, y esa buscaré: Que habite yo en la casa del Señor todos los días de mi vida, para contemplar la hermosura del Señor y para meditar en Su templo" (Salmo 27:4).

5. ¿Es la membresía de la iglesia un invento moderno?

Para los apóstoles y los primeros cristianos era básicamente imposible pensar en un creyente verdadero y saludable que se quedara en su casa sin congregarse o que viviera visitando iglesia tras iglesia sin desear unirse seriamente a ninguna de ellas. Más bien, los primeros cristianos se describen como personas que, "Día tras día continuaban unánimes en el templo y partiendo el pan en los hogares, comían juntos con alegría y sencillez de corazón, alabando a Dios y hallando favor con todo el pueblo. Y el Señor añadía cada día al número de ellos los que iban siendo salvos" (Hechos 2:46-47). La Biblia asume que todo cristiano era miembro de una iglesia local. Y era precisamente ese estilo de vida de profundo compromiso los unos con los otros en amor lo que les daba un testimonio tan poderoso y atractivo ante el mundo que los observaba.

La membresía de la iglesia no es un invento moderno. Al contrario, el verdadero invento moderno es la idea de que alguien pueda vivir una vida cristiana individualista sin unirse a una congregación especifica. No dejemos que nuestra cultura individualista distorsione nuestro entendimiento de la vida cristiana. La vida cristiana es profundamente congregacional, y profundamente unida a otros cristianos según el diseño de Dios (Efesios 2:14-22).

6. ¿Dónde aparece en la Biblia la idea de membresía de la iglesia?

Aunque la Biblia no contiene la frase "membresía de la iglesia," sí describe a los cristianos como "miembros" del cuerpo de Cristo. Es el apóstol Pablo quien especialmente describe a la iglesia con la analogía o imagen de un cuerpo, tal como escribe el erudito bautista John S. Hammett, "de hecho, esta imagen ocurre solo en las cartas de Pablo, y solo en cuatro de sus cartas (Romanos, 1 Corintios, Efesios, y Colosenses)."[2]

En su cuidadoso análisis bíblico, Hammett explica que en Romanos 12 y 1 Corintios 12 Pablo usa la analogía de un cuerpo para enseñar que la iglesia se compone de miembros íntimamente unidos los unos con los otros en profundas relaciones. Por otro lado, en Efesios y Colosenses Pablo usa la analogía de un cuerpo para describir la unidad que tiene Cristo con su iglesia como la cabeza del cuerpo. Cristo es la cabeza de la iglesia que la dirige, la gobierna, y la man-

---

2 John S. Hammett, *Biblical Foundations for Baptist Churches: A Contemporary Ecclesiology* (Grand Rapids, MI: Kregel Publications, 2019), 42.

tiene unida en una misma dirección, proveyendo todas las riquezas espirituales de Dios al resto del cuerpo.

Así que, "Para cualquiera que cuestione lo apropiado de usar frases como "miembros de la iglesia" o "membresía de la iglesia," es importante notar que la imagen del cuerpo nos provee ambos tanto el precedente para ese lenguaje como también su entendimiento apropiado".[3]

En 1 Corintios 12:12-14 Pablo explica el concepto de la siguiente manera: "Porque así como el cuerpo es uno, y tiene muchos miembros, pero, todos los miembros del cuerpo, aunque son muchos, constituyen un solo cuerpo, así también es Cristo. Pues por un mismo Espíritu todos fuimos bautizados en un solo cuerpo, ya judíos o griegos, ya esclavos o libres. A todos se nos dio a beber del mismo Espíritu."

Los miembros de la iglesia están unidos por un compromiso y por un mismo Espíritu Santo de tal forma que son una familia verdadera. Tal como enseña 1 Corintios 12:26-27, "Si un miembro sufre, todos los miembros sufren con él; y si un miembro es honrado, todos los miembros se regocijan con él. Ahora bien, ustedes son el cuerpo de Cristo, y cada uno individualmente un miembro de él."

Así que, la voluntad de Dios es que vivamos en relaciones de compromiso y unidad entre los miembros de una iglesia local específica.

Además de esto, la idea de que los cristianos debemos ser miembros de una iglesia local se encuentra en cada pasaje del Nuevo Testamento que desarrolla la idea de lo que es una iglesia porque la iglesia es por definición una congregación de cristianos que están seriamente unidos y comprometidos los unos para con los otros en su fe y obediencia a Cristo. En otras palabras, la iglesia son sus miembros, y los miembros de la iglesia son la iglesia. Es imposible separar los dos conceptos.

Por eso, una iglesia que no tiene un proceso de membresía, donde se reconoce quién esta adentro y quién esta afuera, es una iglesia con una crisis de identidad. Es una iglesia que no puede reconocer quién es, o cuál es su identidad.

En conclusión, ¿Dónde aparece en la Biblia la idea de membresía

---

3 Hammett, *Biblical Foundations*, 46.

de la iglesia? Aparece explícitamente en Romanos 12, 1 Corintios 12, Efesios, y Colosenses, y aparece implícitamente en cada pasaje bíblico que menciona a la iglesia local.

7. ¿Por qué algunos cristianos no desean unirse a una iglesia local en particular?

La influencia de la posmodernidad secular ha hecho que muchos cristianos se opongan a la idea de comprometerse con una iglesia en particular. Se han hecho populares frases como "Yo odio la religión, pero amo a Jesús," "Jesús es una relación, no una religión," "No vayas a la iglesia, sé la iglesia," "Yo soy la iglesia," "Yo creo en Jesús, pero tengo un problema con su iglesia."

Todas estas frases y otras sirven como simples eslóganes para expresar un rechazo al compromiso con "la religión organizada." Otros desean "usar" las iglesias para su beneficio, sin entregarse a una iglesia en particular. Asisten a una iglesia donde tienen amigos para divertirse, a otra iglesia donde enseñan la Biblia con profundidad para aprender, a otra iglesia donde tienen buena música para adorar, y otra donde encuentran oportunidades de servir o desarrollarse.

De esta manera, muchos cristianos en nuestros días prefieren vivir un estilo de cristianismo autodeterminado, individualista e independiente. "Yo, mi Biblia y Dios" es el lema de muchos. Es un cristianismo libre de toda atadura a otros cristianos. Un cristianismo libre de responsabilidades. Un cristianismo que no se "limita" a una sola iglesia. Este tipo de cristianismo es mundano y secular, y se opone al llamado que Jesucristo hizo a sus discípulos de estar juntos, formar un sólo cuerpo local y ser su iglesia juntos. Debemos unirnos a una iglesia local porque esa es la voluntad de Jesucristo para sus discípulos. Él no desea que caminemos solos, él desea que caminemos como una familia de discípulos.

8. ¿Puedo ser cristiano sin unirme a una iglesia en particular?

Sí, es posible. Pero es como ser:

Un estudiante que no se inscribe en ninguna escuela,

un soldado que no se une al ejército,
un padre sin una familia,
un jugador de futbol sin un equipo,
una abeja sin una colmena,
un comerciante en una isla desierta,
un vendedor que no tiene clientes,
un marinero sin tripulación
¿Quieres ser un cristiano así? [4]

Es cierto que puedes ser salvo sin haberte unido a una congregación local. El ladrón que murió crucificado a un lado de Jesús fue salvo y no tuvo tiempo de bautizarse ni de unirse a la congregación de discípulos que Dios formaría unos días después (Lucas 23:43). Sin embargo, un cristiano que intencionalmente evita ser miembro de una iglesia local particular no puede decir que vive una vida cristiana bíblica y saludable. Tal cristiano no está viviendo en obediencia a la Palabra de Dios porque vive intencionalmente apartado del pueblo de Dios.

9. ¿Quién puede hacerse miembro de la iglesia?

Sólo un cristiano genuino y bautizado puede ser afirmado como miembro de la iglesia. La salvación genuina de una persona se pone en evidencia por su fe y conducta.

Cualquier persona que ha puesto su fe en el evangelio de Jesucristo y se compromete a identificarse con Cristo mediante el bautismo y a vivir conforme a su profesión de fe puede hacerse miembro de la iglesia.

En pocas palabras, si eres cristiano y vemos que vives como cristiano entonces puedes ser reconocido como miembro de la iglesia y recibido en la comunión del pueblo de Dios. La membresía de la iglesia simplemente busca hacer visible la realidad que es invisible. Tu vida debe reflejar la vida de alguien que ha sido rescatado por Cristo del dominio del pecado. Esto no quiere decir que no cometas peca-

---

4 https://www.literaturabautista.com/que-es-lo-que-la-biblia-dice-acerca-de-la-membresia-en-la-iglesia/

dos, pero tu estilo de vida debe mostrar que enfrentas tales pecados y debilidades como alguien que ha sido redimido y vive por fe en el evangelio de Cristo.

10. ¿Por qué es tan importante congregarse sin falta?

Congregarse los domingos es el compromiso más básico y esencial de un miembro de la iglesia local. La palabra iglesia (del griego *ekklesia*) significa congregación o asamblea ¿Cómo puedes decir que eres miembro de la congregación si no tienes un compromiso con congregarte sin falta? Congregarte con el resto de los miembros del cuerpo de Cristo debe ser una de tus mas grandes prioridades.

Dios nos ha dado un mandamiento explícito en el Nuevo Testamento exhortándonos a "no dejar de congregarnos" (Hebreos 10:25). De la misma manera, cuando el pueblo de Israel vivía esclavizado en Egipto Dios les ordenó a salir de Egipto para congregarse en el desierto a adorarle (Éxodo 7:16). Así mismo, cada domingo, cuando la iglesia de Dios se congrega, estamos respondiendo a la convocatoria de Dios para adorarle. Por lo tanto, cada vez que eliges faltar a la iglesia es como rechazar la convocatoria que Dios está haciéndote para que te congregues a adorarle. No tomes a la ligera la convocatoria semanal de Dios, más bien, ponlo como prioridad. Lo que deseamos ver en ti es un corazón maduro, comprometido con congregarte porque es tu convicción personal, sabiendo que incluso si faltas a la iglesia, te pesa en el corazón porque es perderte la convocatoria de Dios a adorar en tu iglesia local.

11. Si Dios puede ser adorado en cualquier parte ¿Por qué debo enfocarme tanto en venir todos los domingos a la iglesia si puedo adorar a Dios también en mi casa o en un paseo familiar?

La adoración personal o familiar es completamente distinta a la adoración congregacional. Todo cristiano debe procurara diariamente pasar tiempos a solas adorando a Dios, y cada cabeza del hogar debe procurar reunir a su familia para tener un tiempo de adoración familiar. Sin embargo, ni la adoración personal ni la familiar pueden substituir la santa responsabilidad que Dios nos ha dado de congregarnos con el pueblo de Dios a adorarle como su amada iglesia. En conclusión, congregarte sin falta debe ser una prioridad espiritual en tu caminar con Cristo. Cada vez que planees viajar, asistir a conferencias o tomar vacaciones, planifícalas poniendo como prioridad el congregarte en tu iglesia local.

12. ¿Obtengo algún beneficio especial en la adoración congregacional que no pueda obtener adorando a Dios individualmente?

Cada vez nos reunimos a adorar congregacionalmente como iglesia obtenemos más de Cristo en nuestras almas a través de "los medios de gracia" que Dios ha establecido para su pueblo. Dios ha establecido que obtengamos más y más de Cristo mediante su Espíritu a través de la lectura pública de las Escrituras, la adoración congregacional, la oración e intercesión congregacional, la comunión con los otros cristianos, la predicación de la Palabra de Dios, y la participación del bautismo y la cena del Señor. Cuando te apartas de las reuniones de la iglesia, estás apartándote de Cristo y de la comunicación de Cristo a tu vida.

Todos estos medios de gracia son imposibles de reemplazar en un contexto individualista. Simplemente no podemos participar de la adoración congregacional mientras estamos en la sala de nuestra casa, no podemos participar de la cena del Señor en un convivio familiar o en una salida a la playa, y no podemos disfrutar de la oración congregacional mientras estamos de camino a un restaurante el domingo por la mañana. El compromiso de congregarse es en última instancia un compromiso para recibir más de Cristo en nuestras almas mediante los medios de gracia congregacionales.

Cinco beneficios de unirte a una iglesia local

Para finalizar, quisiera animarte a meditar en la gloria de ser un miembro de la iglesia local. Ser un miembro no es tener un estatus pasivo, más bien, al ser un buen miembro de la iglesia estás cumpliendo toda clase de metas que Dios tiene para ti como cristiano. Medita en estas cinco formas en que ser miembro de la iglesia local enriquece tu vida cristiana.

Primero, únete a la iglesia local para reflejar la gloria de Dios

¿Deseas vivir para la gloria de Dios? Entonces sé un fiel miembro de tu iglesia local, porque la iglesia local es la manifestación visible de "la multiforme gracia de Dios" (1 Pedro 4:10) para todo el mundo que la observa.

En Colosenses 1:13 el apóstol Pablo dice que Jesucristo "nos libró del dominio de las tinieblas y nos trasladó al reino de Su Hijo amado." Al rescatarnos, Jesús nos trasladó a un reino lleno de personas como nosotros, esto es, pecadores rescatados. En el presente el reino de Dios en la tierra es visible en la congregación de pecadores redimidos que la Biblia llama "la iglesia." Y en el futuro, todas las iglesias locales se unirán para ser una gran congregación de múltiples etnias, lenguas y culturas para la gloria de Dios (Apocalipsis 7:9).

La iglesia es el reino visible de Dios en la tierra. Si tú deseas vivir para la gloria de Dios, para manifestar su poder, su hermosura, y su valor, sólo podrás hacerlo en la medida en la que brillas con la luz de Cristo junto a tus hermanos de la iglesia local.

Segundo, únete a la iglesia local para vivir un cristianismo realmente bíblico

Un verdadero cristiano sigue a Jesús bíblicamente, y al seguir a Jesús bíblicamente ese cristiano pronto se verá rodeado de otros discípulos que también siguen a Jesús. Ser parte de la comunidad de la iglesia es parte esencial del plan de discipulado de Jesús para tu vida. Sólo siendo miembro de una iglesia local podrás enfrentarte a situaciones reales con personas reales para obedecer a Jesús genuinamente.

Como escribe Mark Dever, "Las Escrituras muestran consistentemente que la vida cristiana gira en torno a la iglesia local, una comunidad estructurada con personas de diferentes edades, etnias, intereses y antecedentes económicos."[5] Considera lo siguiente, la mayoría de los mandamientos de Jesús contienen direcciones para relacionarnos unos con otros como discípulos de Cristo. Por ejemplo, Él nos ordenó amarnos unos a otros (Juan 13:34), servirnos unos a otros (Juan 13:14), perdonarnos unos a otros (Mateo 18:21-22) y orar unos por otros (Mateo 6:9-13). Si deseas vivir bíblicamente, debes vivir como un fiel miembro de tu iglesia local.

Tercero, únete a la iglesia local para evangelizar bíblicamente

En la gran comisión Jesús habló usando siempre el plural: "vayan... hagan discípulos... yo estoy con ustedes" (Mateo 28:19-20). Nuevamente, Mark Dever hace la incisiva pregunta, "¿Alguna vez has considerado que la iglesia es el plan de Jesús para evangelizar?" ¿Has llegado a pensar que quizás el énfasis moderno en ser un evangelista solitario no es realmente el plan que Jesús describe en la Biblia? Jesús quiere que prediquemos de su amor sacrificial y que lo demostremos en la manera en que nos amamos unos a otros en la iglesia local. Cristo dijo, "En esto conocerán todos que son mis discípulos, si se tienen amor los unos a los otros" (Juan 13:35). Así que, "Si realmente amamos a nuestros amigos no cristianos, nos inscribiremos en el plan de evangelismo de Jesús y nos comprometeremos con una congregación local."[6]

Cuarto, únete a la iglesia local para servir a Dios bíblicamente

La membresía en la iglesia local es el contexto adecuado para usar los dones espirituales que Dios te dio. La Biblia dice que el Espíritu Santo reparte dones espirituales "para la edificación de la iglesia" (1 Corintios 14:12). Si vives desconectado de la iglesia local serás como un jardinero en el desierto, tendrás las habilidades necesarias para sembrar y cortar el pasto, pero estarás fuera del ambiente donde debes usar tus talentos. Así mismo, puede que Dios te haya dotado de muchos dones para su iglesia, pero si no te unes a una sola iglesia

---

5 Mark Dever, *Why Should I Join a Church?* (Wheaton, IL: Crossway, 2020), 19.

6 Dever, *Why Should I Join a Church?*, 31.

en particular, estarás fuera del ambiente donde Dios desea usar tus dones (bajo la supervisión y guía de los pastores y de otros cristianos maduros).

Quinto, únete a la iglesia local para crecer espiritualmente

Es en unión a una iglesia local que se revela nuestra madurez o inmadurez espiritual. ¿Cómo puede un boxeador novato conocer su habilidad de pelear si jamás entra en un rin de boxeo? ¿Cómo puede un nadador volverse profesional si nunca entra a una piscina? Y ¿Cómo puede un cristiano saber si está creciendo en el fruto del Espíritu si nunca se ha comprometido a ser miembro de la iglesia, donde se vería forzado a demostrar su amor, paciencia, amabilidad, bondad y dominio propio con gente real? (Gálatas 5:22-23).

Es fácil pensar que estamos creciendo espiritualmente cuando los únicos que nos evaluamos somos nosotros mismos. Pero Dios ha diseñado la vida cristiana real para que maduremos en el contexto de un profundo compromiso con los otros miembros de la iglesia local. Es en ese contexto donde nos daremos cuenta si estamos creciendo espiritualmente o no.

—————————— RESUMEN DEL CAPÍTULO ——————————

En este capítulo aprendimos lo siguiente:

- Un cristiano que vive sin comprometerse a una iglesia local no puede decir que está viviendo de forma bíblica.

- La idea de membresía de la iglesia se encuentra en cada pasaje del Nuevo Testamento que describe a las iglesias locales ya que ellas están compuestas de miembros comprometidos.

- Sólo un cristiano genuino y bautizado puede ser afirmado como miembro de la iglesia local.

- Congregarse los domingos es el compromiso más básico de un miembro de la iglesia local. Dejar de congregarse es rechazar continuamente la convocatoria de Dios para que le adoremos.

Preguntas de Reflexión:

1. ¿Leí este capítulo completo?

   a. Sí
   b. No

2. Se listaron cinco razones por las que deberías unirte a una iglesia local en particular. Escribe cuál razón te parece más convincente y por qué.

   _____
   _____
   _____
   _____
   _____

3. Si llegas a ser miembro de esta iglesia, ¿Te comprometes a ser un miembro que pone como prioridad el congregarse fielmente los domingos?

   a. Sí
   b. No

4. Lee todo el capítulo de 1 Corintios 12 para meditar en el significado de ser "miembros de la iglesia." ¿Leíste el capítulo bíblico completo?

   a. Sí
   b. No

Capítulo Nueve: Tarea de Lectura

MIEMBROS QUE VIVEN CENTRADOS EN EL EVANGELIO

"Con Cristo he sido crucificado, y ya no soy yo el que vive, sino que Cristo vive en mí; y la vida que ahora vivo en la carne, la vivo por la fe en el Hijo de Dios, el cual me amó y se entregó a sí mismo por mí."

GÁLATAS 2:20

Si has hallado salvación en el evangelio eres llamado a vivir comportándote "de una manera digna del evangelio de Cristo" (Filipenses 1:27). Todo miembro de la iglesia local es un representante oficial de Jesucristo y de su reino a donde quiera que vaya. El apóstol Juan escribió que cualquiera que dice conocer y seguir a Jesús, debe vivir como Jesús vivió (1 Juan 2:6).

En este capítulo te ayudaremos a evaluar la condición de tu vida cristiana y te presentaremos una visión de vida clara, práctica, bíblica y saludable que te sirva como una guía útil y memorable para ayudarte a crecer en Cristo por el resto de tu vida. Esta dirección te mantendrá enfocado y balanceado en tu caminar de discipulado con Jesús.

La importancia de una visión de vida

Usualmente los cristianos no tienen una visión de vida clara, bíblica y práctica que les guie en su diario vivir. En la Biblia existen muchos mandamientos, todos ellos muy variados, y esto puede ser abrumador y desafiante para todo cristiano ¿Por dónde comenzar? Parece que podemos perdernos en un mar de instrucciones, mandamientos, consejos, y desafíos que leemos en las páginas de la Biblia. Al final del día, en medio de nuestra confusión y desorientación nos terminamos preguntando ¿Cómo es posible saber si estoy alcanzando las metas que Cristo desea que alcance? ¿Cómo puedo discernir si mi vida espiritual está desbalanceada? ¿De qué forma puedo mantenerme haciendo la voluntad de Dios en todas las áreas de mi vida?

La historia de Ricardo y Dayana[1]

Déjame contarte una historia que ilustra la importancia de una visión de vida que sea clara, bíblica y práctica. Hace un tiempo atrás, en mi oficina, Ricardo se presentó con un problema. Él era un hombre maduro en la fe, había estudiado teología por años, servido en la iglesia fielmente y había trabajado en guiar a su familia en el temor de Dios. Sin embargo, su esposa Dayana se sentía cada vez más triste y vacía, al punto que ya había decidido dejar de servir en los ministerios de la iglesia. Ricardo no sabía qué hacer.

Dayana estaba en su casa casi todos los días cuidando de sus hijos pequeños, dos varones inquietos y llenos de energía. Ella estaba congregándose e incluso a veces leía la Biblia, pero algo estaba mal y no sabía qué. Ella conocía la Biblia, servía en el ministerio de niños de la iglesia, y era útil en su hogar. Pero ella sabia que algo estaba mal, algo pasaba, pero la respuesta parecía imposible de alcanzar. Una cosa estaba clara: Dayana estaba desorientada en su vida espiritual y Ricardo no sabía cómo ayudarla.

¿Cuántos cristianos conocemos así? ¿Acaso no nos pasa a nosotros mismos de vez en cuando? Es fácil desorientarse en medio de una vida ajetreada y estresante. Necesitamos un mapa. Necesitamos una brújula. Necesitamos una guía memorable para reorientar nuestras vidas hacia la salud espiritual. En otras palabras, necesitamos una visión de vida que nos guíe de vuelta al diseño bíblico. Una visión de vida que sea clara, bíblica y práctica, y que nos ayude a diagnosticar qué está mal con nosotros y cómo podemos encontrar balance nuevamente.

---

1 Los nombres en esta historia y algunos detalles han sido cambiados por prudencia.

Una visión para una vida centrada en el evangelio

Antes de seguir con la historia de Ricardo y Dayana, déjame compartirte la visión de vida que les compartí a ellos en consejería. La visión de vida de la que te estoy hablando no es nada extraordinario, novedoso o complicado. La visión de vida que voy a presentarte es simplemente la expresión de una vida centrada en el evangelio de Jesucristo. Es el resumen de la enseñanza bíblica sobre cómo debemos vivir para Cristo. Jesús ya nos ha revelado el secreto de la vida cristiana: "Yo soy el camino, la verdad y la vida; nadie viene al Padre sino por Mí" (Juan 14:6). Pablo ya expreso sucintamente cómo debe vivir un cristiano centrado en el evangelio: "Con Cristo he sido crucificado, y ya no soy yo el que vive, sino que Cristo vive en mí; y la vida que ahora vivo en la carne, la vivo por la fe en el Hijo de Dios, el cual me amó y se entregó a sí mismo por mí" (Gálatas 2:20).

Yo no voy a proponer nada novedoso. Solamente quiero proponer cuatro formas prácticas de vivir el evangelio de Cristo en las áreas más importantes de nuestra vida. Toda la visión de una vida centrada en el evangelio la podría resumir en la siguiente frase:

Cada día, procura meditar, celebrar, vivir y proclamar el evangelio de Jesús en tu vida personal, familiar, eclesial y misional.

Esa frase esta llena de consejo, dirección y significado que debe ser lentamente analizado y continuamente repasado. La esencia de su significado general es este: *Debemos procurar que el evangelio de Cristo llene y moldee todas las áreas de nuestras vidas.*

Todos los cristianos debemos ambicionar ver el evangelio aplicado en toda dirección sabiendo que esa es la única forma en que el pueblo de Dios podrá glorificar a Dios a la manera de Dios. En todas las áreas de la vida debemos procurar que el evangelio sea central. Debemos trabajar duro para hacer que el evangelio llene todo lo que somos y hacemos.

Gran parte de nuestra vida podría caber en las cuatro categorías que mencioné: vida personal, vida familiar, vida eclesial y vida misional. Debemos tener vidas personales que pasan tiempo meditando y disfrutando del evangelio. Debemos tener familias que celebran juntos las buenas noticias de Jesucristo con cánticos de alabanza. Debemos tener iglesias que practican las amorosas y humildes realidades del evangelio. Y debemos tener vidas misionales en nuestros trabajos, estudios, y vecindarios donde proclamamos el evangelio con todo amor, gozo y convicción.

Esa es una visión bíblica para un discípulo de Jesucristo. Esa es la visión que propongo para orientar la vida cristiana. Esa es la visión de vida. Simplemente consiste en vivir para Cristo. Es una verdad simple, es cierto, pero las enseñanzas más simples y directas de la Biblia son casi siempre las más importantes; y son casi siempre las que olvidamos primero.

Todo comienza con el evangelio

Para apreciar esta visión debemos comenzar por apreciar la centralidad del evangelio en la vida cristiana. Todas las cosas en la vida cristiana comienzan y se sostienen del evangelio de salvación.

El evangelio es la verdad más fácil de entender, y al mismo tiempo la más importante. Es el mensaje de que Jesús, siendo Dios, se hizo hombre para vivir una vida santa y perfecta. Se hizo hombre para morir una muerte violenta en la cruz para aplacar la ira de Dios contra nosotros y traer reconciliación. Se hizo hombre para morir y ser sepultado, y al tercer día resucitar para vencer la muerte que nos oprimía, y ofrecernos vida eterna en él. ¡Qué grandes noticias! Esa maravillosa salvación Jesucristo la obtuvo para ofrecerla gratuitamente a todo el que se acerca a él en humilde arrepentimiento y fe.

Entender el evangelio bíblico a profundidad debe ser la tarea más importante de un nuevo creyente y el resto de la vida cristiana consiste en comprender cómo este maravilloso evangelio se conecta con todas las áreas de la vida. El evangelio que salva al pecador es el mismo evangelio que santifica al creyente y que guía hacia la madurez a todos los miembros de la iglesia. No comenzaremos a crecer hasta que no entendamos esta gran verdad; hasta que no entendamos la centralidad del evangelio en la vida cristiana. Porque en la vida cristiana todo comienza con el evangelio.

Déjame explicarlo de la siguiente manera: Jesús dijo que no podemos hacer nada sin él (Juan 15:5). Es a través de tu encuentro personal con Cristo en el mensaje del evangelio que tu corazón recibe nuevas fuerzas, limpieza de tus culpas y vergüenza, sabiduría y consuelo. "Pero por obra Suya están ustedes en Cristo Jesús, el cual se hizo para nosotros sabiduría de Dios, y justificación, santificación y redención, para que, tal como está escrito: «El que se gloría, que se gloríe en el Señor»" (1 Corintios 1:30-31).

Vivir una vida llena del evangelio es vivir una vida llena de Jesús. Vivir una vida apartada del evangelio es vivir una vida apartada de Jesús. Es así de simple. C. J. Mahaney medita en la centralidad del evangelio para la vida cristiana cuando escribe:

> El evangelio no es una clase entre muchas a las que asistirás durante tu vida como cristiano ¡El evangelio es el edificio completo donde se llevan a cabo todas las clases! ... Nombra cualquier área de la vida cristiana sobre la que quieras aprender o en la que quieras crecer. ¿El Antiguo Testamento? ¿El fin de los tiempos? ¿Quieres crecer en santidad o en la práctica de la oración? ¿Quieres convertirte en un mejor esposo, esposa o padre? Ninguno de estos temas puede entenderse correctamente sin la gracia de Dios a través de la muerte de Jesús. Estos temas, y de hecho todos los temas, deben estudiarse a través del lente del Evangelio.[2]

En el corazón de esta visión se encuentra un entendimiento elevado del evangelio como algo mucho más que un simple mensaje religioso. El evangelio es "poder de Dios para salvación a todo el que cree" (Romanos 1:16). Tal como dice Tito 2:11-13, el evangelio implanta en el creyente la gracia de Dios que nos enseña a vivir "en este mundo sobria, justa y piadosamente."

El evangelio transforma todo lo que toca y lo reorganiza para que apunte a la gloria de Cristo. El evangelio es como una semilla que brota y va formando un árbol con muchas ramas, hojas, flores y frutos; ahí es que hallamos el secreto de la vida cristiana saludable y madura.

---

2 C. J. Mahaney, *Living the Cross Centered Life: Keeping the Gospel the Main Thing* (New York: Multnomah Books, 2006), 119.

Las cuatro dinámicas del evangelio

Debemos aprender a cultivar nuestros corazones y mentes para que vivan llenas del evangelio. Para lograrlo necesitamos aprender algunas habilidades esenciales. No puedes esperar tener un hermoso jardín lleno de rosas y flores de todo tipo si no has aprendido habilidades para cultivarlas y mantenerlas saludables. Así mismo, no vas a poder cultivar una vida centrada en el evangelio si no aprendes ciertas habilidades prácticas para cultivar tu corazón. Estas cuatro dinámicas son las habilidades esenciales que necesitas desarrollar si deseas vivir para Cristo, si deseas una vida llena de Dios.

1. Medita en el evangelio diariamente

La renovación de la mente es el comienzo de todo crecimiento espiritual. Pablo mismo fue el que dijo, "no se adapten a este mundo, sino transfórmense mediante la renovación de su mente" (Romanos 12:2). El apóstol Pedro dice que Dios nos ha concedido su poder mediante el conocimiento del evangelio de Cristo, "Pues Su divino poder nos ha concedido todo cuanto concierne a la vida y a la piedad, mediante el verdadero conocimiento de Aquel que nos llamó por Su gloria y excelencia" (2 Pedro 1:3).

Meditar diariamente en el evangelio es definitivamente el alimento más nutritivo que nuestras almas pueden consumir para crecer en santificación y madurez espiritual. Un escritor cristiano llamado Maurice Roberts dijo: "Es la meditación pausada sobre las verdades del Evangelio y la exposición de nuestra mente a estas verdades lo que produce el fruto de un carácter santificado."[3] Practica la meditación o reflexión en el evangelio a través de la lectura de la Biblia y de la lectura de libros de sana doctrina centrados en el evangelio.

2. Celebra el evangelio diariamente

El autor puritano John Flavel escribió una vez que el cristiano debe

---

3 Maurice Roberts, "O the Depth!" *The Banner of Truth*, July 1990, 2. Quoted in Donald S. Whitney, *Spiritual Disciplines for the Christian Life* (Colorado Springs: Navpress, 1991), 51.

ser como el antiguo astrónomo griego Eudoxo de Cnido quien "fue tan afectado por la gloria del sol que pensó que había nacido solamente para contemplarla. Cuánto más el cristiano debería considerarse a sí mismo nacido solamente para contemplar y deleitarse en la gloria del Señor Jesucristo."[4] Fuimos creados para celebrar la gloria de Dios en el rostro de Cristo (2 Corintios 4:6).

Te invito a pensar en lo siguiente: en Apocalipsis 4:8 se describe la gloriosa visión del trono de Dios. Alrededor de este trono se describen criaturas angelicales que celebran la belleza de Dios. "Los cuatro seres vivientes, cada uno de ellos con seis alas, estaban llenos de ojos alrededor y por dentro, y día y noche no cesaban de decir: «Santo, Santo, Santo es el Señor Dios, el Todopoderoso, el que era, el que es y el que ha de venir»." No sabemos mucho de estos extraños "seres vivientes," pero se describen como seres "llenos de ojos alrededor y por dentro." ¿Por qué Dios creó seres con ojos por todo su cuerpo? Porque Dios creó a estos seres con la sola razón de mirar. Ellos debían observar a Dios. Ellos debían contemplar su gloria y disfrutarla. Fueron creados para el deleite. La Biblia describe la experiencia que sentían estos "seres vivientes" de una manera tan fuerte que no podían dormir. "No cesaban de decir: Santo, Santo, Santo." Tú también fuiste creado con el solo propósito de contemplar y celebrar la gloria de Dios.

Usa tu tiempo intencionalmente para cantar alabanzas sobre Jesucristo. Habla con otras personas sobre lo grandioso que es tu salvador. Celebra con sinceridad y energía la gracia de Dios en Cristo todos los días.

J. A. Medders, un escritor cristiano, acertadamente escribió: "El amor de Jesús nos constriñe, nos impulsa, nos mueve, nos cambia, nos forma y nos reforma. Creo con todo mi corazón que cuando comiences a saltar de gozo por su amor, entonces dejarás el pecado atrás y estarás aferrándote a tu Salvador."[5] Toma un momento para pensar en lo que esta diciendo Medders. Él está diciendo que: la celebra-

---

4 John Flavel, "Fountain of Life Opened Up" in: James Stuart Bell, ed., *From the Library of Charles Spurgeon: Selections from Writers who Influenced His Spiritual Journey* (Grand Rapids, MI: Bethany House Publisher), 131.

5 J. A. Medders, *Gospel Formed: Living a Grace-Addicted, Truth-Filled, Jesus-Exalting Life* (Grand Rapids, MI: Kregel Publications, 2014), 17.

ción del evangelio produce santificación. Es decir, la celebración del evangelio produce madurez espiritual y victorias en tu lucha contra el pecado. No subestimes el poder de celebrar a Cristo todos los días.

3. Vive el evangelio diariamente

El mensaje del evangelio demanda obediencia. Sin embargo, no es una obediencia mecánica y fría, sino una obediencia alimentada e impulsada por el amor de Dios revelado en Cristo Jesús. El mundo, la iglesia, y nuestras familias necesitan ver más ejemplos de cristianos que practican un tipo de obediencia que es Cristo-céntrica y llena del evangelio. Un tipo de santidad que está alimentada por una relación genuina con Jesucristo. Tal como escribe Medders, "El evangelio nos revela que ya no somos nuestros; pertenecemos a Jesús. Ahora nuestro objetivo es honrarlo y agradarlo (1 Corintios 6:20; 2 Corintios 5: 9)".[6]

Cuando vivimos alimentándonos del dulce evangelio, todas las cosas que hacemos, decimos y deseamos son moldeadas por la persona de Jesús. Si el evangelio no está produciendo cambios en nuestra vida, algo está mal, y debemos acudir a Cristo en compañía de su iglesia para examinar nuestros corazones. Pero jamás podemos darnos el lujo de tener una santidad imaginaria. Las advertencias de la Palabra de Dios son muy claras, "Sean hacedores de la palabra y no solamente oidores que se engañan a sí mismos" (Santiago 1:22). No solo medita y celebra el evangelio cada día, recuerda poner el evangelio en práctica cada día. La forma en que hablas con tu cónyuge, la manera en que resuelves conflictos, y la manera en que manejas tus finanzas. Todo es de Cristo y para Cristo. Todo debe someterse ante el Rey de Reyes y Señor de Señores.

Déjame hacerte unas preguntas: si alguien observara tu vida ¿Concluiría que eres una persona que parece haberlo dejado todo atrás para seguir a Jesús? ¿Concluiría que has dejado toda tu vida a un lado para enfocarte en Jesús y sus intereses? ¿Diría que tu vida consiste en conocer y seguir a Jesús en todas las áreas de tu vida?

---

6 Medders, *Gospel Formed*, 23.

4. Proclama el evangelio diariamente

En la medida en que meditamos en el evangelio, celebramos el evangelio, y ponemos en práctica el evangelio en nuestro diario vivir, naturalmente el evangelio de Jesucristo va a ser central en nuestras conversaciones. El profundo deleite de nuestras almas nos empujará a hablar de la belleza de Cristo. Y eso es precisamente el evangelismo. John Piper escribe, "evangelizar significa presentar la hermosura de Cristo y de su obra salvadora con una sincera urgencia de amor que se esfuerza por ayudar a las personas a encontrar en Él su satisfacción".[7]

Cuando Jesús nos salva provee para nosotros una nueva identidad con un nuevo propósito y un nuevo poder. Él dice que somos discípulos y testigos de su resurrección, embajadores de su reino, hijos del Dios altísimo (1 Pedro 2:9). Él dice que nuestra misión es hacer discípulos, invitando continuamente a las personas a dejarlo todo para seguir al Señor resucitado (Mateo 28:19-20). Y finalmente, Jesús dice que tenemos un nuevo poder; un poder infinito. Jesús dijo que enviaría el Espíritu Santo para darnos poder para proclamar con valentía el evangelio de Cristo (Hechos 1:8).

Hagamos nuestra costumbre el hacer nuestra fe pública cada día, aunque la gente nos considere excéntricos. Hablemos con nuestras esposas o esposos cada día del evangelio. Brindémosle constantemente el ánimo y frescura que proviene de recordar el amor de Dios en Cristo. Leamos la Biblia a nuestros hijos, contándoles del maravilloso plan de salvación. Hagamos más preguntas espirituales a las personas a nuestro alrededor (¿Crees en Dios? ¿Cómo puedo orar por ti? ¿Cómo está tu relación con Dios? ¿Puedo contarte algo que me ha animado mucho esta semana?). Oremos constantemente que Dios nos sorprenda con encuentros personales en que podamos hablar del evangelio.

De esta manera hemos visto cuatro dinámicas practicas que nos ayudan a vivir centrado en el evangelio. Pero la visión que compartí aun va más allá. No solo debemos tener en nuestras mentes dinámi-

---

7 John Piper, *La Pasión de Dios por su Gloria: Viviendo la Visión de Jonathan Edwards* (Miami, FL: Editorial Unilit, 2009), 46.

cas, sino que también debemos recordar las diferentes esferas o contextos donde debemos poner en practica tales dinámicas. Recuerda la visión:

Cada día, procura meditar, celebrar, vivir y proclamar el evangelio de Jesús en tu vida personal, familiar, eclesial y misional.

Los cuatro escenarios del evangelio

Así como he identificado cuatro dinámicas del evangelio (meditar, celebrar, vivir, y proclamar), así también deseo identificar cuatro escenarios en nuestras vidas que deben ser saturadas por el evangelio. Nuestra meta es saturar estas cuatro áreas de nuestra vida con la persona de Jesús (sus palabras, su amor, su salvación, su gloria, etc.). Veamos cómo el evangelio puede llenar cada uno de estos escenarios de la vida.

Tu vida personal

Esta área de tu vida incluye elementos tales como tu tiempo a solas con Dios, tu vida de oración y tus hábitos de lectura bíblica. Un hombre o mujer que vive en madurez espiritual baja su ritmo de vida para pasar tiempo con Jesús. Cuando todos alrededor están apurados buscando construir sus propios reinos, su propia reputación y lograr sus propias metas, el hombre y la mujer de Dios frena para encontrarse con Dios, leer la Biblia, disfrutar del evangelio, orar y cantar al Señor. Tu vida personal también incluye tu carácter. La forma en la que te comportas en tu trabajo, en el supermercado, en la escuela, en el cine, en tu forma de hablar, de vestirte, o de responder a los desafíos de la vida. Que Cristo le dé forma a todo lo que haces como individuo.

Tu vida familiar

Esta área de tu vida incluye la forma en que te relacionas con tu familia. Si eres un esposo, el evangelio te llama a ser como Cristo: un líder piadoso, amoroso, y sacrificial que da su vida para bendecir a su esposa y nutrirla espiritualmente (Efesios 5:25-26). Si eres una esposa, el evangelio te llama a honrar a Cristo al someterte a tu esposo como Cristo a la iglesia, con todo respeto y amor (Efesios 5:22-24). Si eres padre o madre, el evangelio te llama a criar a tus hijos con toda sabiduría y santidad, "en la disciplina e instrucción del Señor" (Efesios 6:4). Si eres un hijo, el evangelio te llama a honrar a Dios al honrar a tus padres como Cristo honró y obedeció a Dios el Padre (Efesios 6:1-3).

La vida familiar es un gran desafío, pero en medio de todos nuestros desafíos encontramos en Jesucristo todo lo que necesitamos. Cuando nos sentimos cansados, en Cristo encontramos nuevas fuerzas (Efesios 6:10). Cuando pecamos y fallamos, en Cristo encontramos perdón (1 Juan 1:9). Cuando nos encontramos confundidos y desorientados, en Cristo encontramos sabiduría (1 Corintios 1:30). Y cuando sentimos que lo hemos perdido todo, en Cristo encontramos paz y satisfacción (Filipenses 4:7). Seamos personas que no solo acuden a Cristo diariamente, sino que también dirigen a nuestros familiares constantemente a encontrar refugio en él.

Tu vida eclesial

Esta área se enfoca en tu conexión con tu iglesia local. El evangelio crea y sostiene a las iglesias locales. La misión del evangelio moviliza a la iglesia a desarrollar cada uno de sus ministerios. Por eso, es absurdo para un creyente decir que ama el evangelio y vive para Cristo, pero que este divorciado de la iglesia.

Si no amas a la iglesia local, entonces aún no has entendido el evangelio, porque el evangelio bíblico dice que "Cristo amó a la iglesia y se dio Él mismo por ella, para santificarla, habiéndola purificado por el lavamiento del agua con la palabra, a fin de presentársela a sí mismo, una iglesia en toda su gloria, sin que tenga mancha ni arruga ni cosa semejante, sino que fuera santa e inmaculada" (Efesios 5:25-27).

Un cristiano que quiere vivir para Cristo va a comprometerse como nunca antes a la iglesia de Cristo, la iglesia local. Si quieres vivir para Cristo, debes procurar crecer en tu oración por la iglesia, su santidad, y sus pastores. Debes comprometerte a ofrendar sacrificialmente para la novia de Cristo. Debes dedicar tiempo, esfuerzo, y compromiso en servir a la iglesia y estimarla sobre toda otra institución o ministerio. Debes tener un firme compromiso con congregarte cada domingo, y además de esto debes intencionalmente invertir en amar a otros miembros de la iglesia. Un creyente que vive de esa manera, es un creyente que vive centrado en el evangelio y eso se refleja en su iglesia local.

Tu vida misional

Esta área de tu vida incluye la forma en la que te relacionas con personas que no son creyentes o que no han podido crecer mucho en su vida espiritual. Tu misión de parte de Cristo ha sido definida en Mateo 28:19-20, "Vayan, pues, y hagan discípulos de todas las naciones, bautizándolos en el nombre del Padre y del Hijo y del Espíritu Santo, enseñándoles a guardar todo lo que les he mandado."

Una de las claves para crecer en tu vida misional es definir correctamente la idea de "evangelismo" y "discipulado." Para muchos el evangelismo consiste en la confrontación sorpresiva hacia un desconocido en la calle. Es hablar cinco minutos con alguien para llamarle al arrepentimiento y fe en Jesús. Esta manera de evangelizar no es totalmente errónea, sin embargo, no está muy apegada a la gran comisión bíblica.

En Mateo 28:19-21 Jesús nos llama a hacer discípulos (lo cual significa "alumnos" o "aprendices"), bautizarlos en el nombre del Padre, Hijo y Espíritu Santo y enseñarles todas las cosas que Él nos mandó. La tarea de hacer discípulos requiere más tiempo, atención, oración y sabiduría que una simple conversación de cinco minutos. Entonces, una mejor definición de evangelismo puede ser: "El evangelismo consiste en enseñar el evangelio a otros con el fin de que se conviertan en discípulos fieles de Jesucristo." Esa es tu vida misional. Por lo tanto, incluye enseñar el evangelio a tus hijos, tu esposa, tus primos o tíos, tus compañeros de trabajo, tu vecino, o incluso personas desconocidas.

Cada día, procura meditar, celebrar, vivir y proclamar el evangelio de Jesús en tu vida personal, familiar, eclesial y misional.

Las dinámicas del evangelio en todas las áreas de la vida

En conclusión, el evangelio es una realidad poderosa y dinámica que va abriéndose paso, cambiando todo lo que toca, y debe llenar todas las áreas de tu vida: personal, familiar, eclesial, y misional.

Primero, el evangelio llega a tu vida, transformándolo todo. Cambiando tu rutina, tus hábitos diarios, tus relaciones y tu corazón. El evangelio va cambiando la forma en que tratas a tu familia y la forma en que te conduces con tu esposa e hijos, padres o tíos. Luego el evangelio te controla y te dirige a unirte a una comunidad de personas que han sido cambiadas, al igual que tú, y desean profundizar en el evangelio bíblicamente. Esa es la iglesia. El evangelio te impulsa a comprometerte con ellos, a servirles, y a amarlos. Pero el evangelio se expande, y no puede ser contenido en un solo lugar. El evangelio se abre paso y quiere transformar todo lugar a donde vas y toda persona que conoces. Esa es la gran comisión. Ya sea en tu hogar, o en tu trabajo, o en el supermercado, el evangelio exige ser compartido.

Es el poder del evangelio el que transforma nuestra vida personal, moldea nuestras familias, nos une a la comunidad de la iglesia y nos envía en la misión de proclamar salvación a todos los confines de la tierra.

Examina tu vida cristiana

Por definición la madurez verdadera significa que una persona ha aprendido a cuidar de sí mismo y responsabilizarse por sustento y desarrollo de su propia vida. En nuestra época necesitamos cada vez más cristianos que son suficientemente maduros para autoevaluar su vida espiritual y hacer los ajustes necesarios conforme a la Palabra de Dios.

El siguiente ejercicio busca ayudarte a evaluar tu propia vida y descubrir cuáles son tus puntos fuertes y cuáles tus puntos débiles. Te animo a que hagas este ejercicio por lo menos cada tres meses (cuatro veces al año). Y que animes a tu familia y tus amistades a hacer lo mismo.

Mientras lees y respondes en tu corazón cada pregunta, recuerda agradecer a Dios por favorecerte si eres victorioso en algunas áreas, y cuando identifiques áreas débiles, ora a Dios, acude a Cristo, y escribe tu plan para crecer en esas áreas.

EXAMINA TU VIDA PERSONAL
¿Vives centrado en el evangelio?

- ¿Vivo enfocado en la persona y obra de Jesucristo?
- ¿Estoy bajando mi ritmo de vida para poder pasar más tiempo con Jesús?
- ¿He aprendido a decir que no y a aceptar mis limitaciones para darle prioridad a mi relación con Cristo?
- ¿Dependo de logros, reconocimientos, o halagos para sentirme realizado y satisfecho, o estoy satisfecho con quién soy en Cristo?
- ¿Hago devocionales personales diariamente?
- ¿Canto o celebro a Cristo en mi diario vivir?
- ¿Tengo momentos de estudio profundo de la Biblia?
- ¿Estoy orando y ayunando?
- ¿Los deseos de mi corazón se centran en hacer la voluntad de Dios?
- ¿Siento que Dios me ama, me perdona y me acepta en Cristo, o sigo aferrándome a la culpa y vergüenza del pecado?
- ¿Busco obedecer a Dios de acuerdo a su Palabra cueste lo que cueste?
- ¿Estoy seguro de mi salvación?

EXAMINA TU VIDA FAMILIAR
¿Vives centrado en el evangelio?

- ¿Hago devocionales familiares frecuentemente?
- ¿Estoy siendo un esposo amoroso o una esposa respetuosa?
- ¿Podría describir mi matrimonio como un matrimonio lleno de Jesús?
- ¿Converso con mi familia sobre lo que cada uno aprendió de parte de Dios en los sermones de la iglesia?
- ¿He aprendido a vivir dándole prioridad a mi matrimonio y la crianza de mis hijos como mi primer y más importante ministerio?
- ¿He aprendido a decir que no a ciertas invitaciones para tener tiempo de calidad con mi familia?
- Si soy soltero, ¿Soy ejemplar en madurez, contentamiento, fe, y pureza?
- Si soy soltero, ¿Estoy entregado principalmente al servicio de la iglesia local?
- Si soy soltero, ¿He aprendido a desarrollar amistades profundas y piadosas?
- Si soy un hijo viviendo con mis padres, ¿Busco honrar a Dios al ser obediente a mis padres?
- Si tengo hijos, ¿estoy modelando para ellos cómo se ve un hombre o mujer que celebra a Cristo cada día?
- Si tengo hijos, ¿Estoy esforzándome cada día para discipularlos e instruirlos en el mensaje del evangelio bíblico?
- ¿Mis hijos y mi cónyuge pueden ver que mi mayor pasión en Jesús?
- ¿Sé arrepentirme y pedir perdón a mi esposa e hijos? (Cuando sabes perdonar y pedir perdón ejemplificas visiblemente la esencial del evangelio).

EXAMINA TU VIDA ECLESIAL
¿Vives centrado en el evangelio?

- ¿Podría decir que amo a mi iglesia local con un profundo compromiso?
- ¿Procuro ser un buen miembro de la iglesia?
- ¿Soy fiel en congregarme los domingos y en asistir a las reuniones de miembros?

- ¿Estoy venciendo la constante tentación de murmurar contra el liderazgo de la iglesia?
- ¿Doy más palabras de ánimo y afirmación que de crítica y queja?
- ¿He aprendido a perdonar y pedir perdón a los miembros de la iglesia y los pastores cuando me comporto de una manera carnal e impulsiva?
- ¿Cómo describiría mi relación con los pastores de la iglesia? ¿Podría decir que he crecido en mi respeto, amor y aprecio por los pastores?
- ¿Estoy siendo intencional en conocer mejor a nuevos miembros de la iglesia?
- ¿Estoy sirviendo en algún área de la iglesia continuamente?
- ¿Estoy aprovechando las diferentes reuniones semanales de la iglesia (ministerio de escuela bíblica, hombres, mujeres, familias, matrimonios, etc.)?
- ¿Estoy comprometido en ser generoso en ofrendas y diezmos?
- ¿Estoy orando por otros miembros?
- ¿Estoy intencionalmente profundizando en mis relaciones con otros miembros de la iglesia?
- ¿Estoy invitando a personas a venir a mi iglesia?

EXAMINA TU VIDA MISIONAL
¿Vives centrado en el evangelio?

- ¿Podría decir que he crecido en mi entendimiento de lo que significa hacer discípulos?
- ¿Estoy enseñando el evangelio a familiares no creyentes (cónyuge, hijos, padres, tíos, primos)?
- ¿Estoy enseñando el evangelio a compañeros de trabajo o de estudio?
- ¿Estoy orando por oportunidades de evangelismo?
- ¿Estoy orando por las misiones?
- ¿Estoy invirtiendo en capacitar a otros cristianos más nuevos en la fe para que crezcan en obediencia a Jesús?
- ¿Estoy usando mi hogar para invitar personas a que conozcan más del evangelio?
- ¿Estoy mostrando ética laboral en mi trabajo o ética académica en mis estudios?
- ¿Estoy atento los domingos para conectarme con nuevos visitantes que pueda discipular?
- ¿Soy un embajador de Jesús donde quiera que voy?

Esta es tu guía fiel para hacer discípulos

En conclusión, esta visión de vida te ayudará a evaluar constantemente tu crecimiento espiritual y vivir el evangelio de Jesús en tu vida personal, familiar, eclesial y misional. Pero también pueden ayudarte a hacer discípulos, ya que hacer discípulos realmente consiste en ayudar a una persona a vivir el evangelio. Esto involucra, como ya vimos, vivir el evangelio en su vida personal, en su vida familiar, en su relación con la iglesia, y en su misión hacia el mundo.

¿Qué es hacer discípulos? Es guiar a las personas a desarrollar un estilo de vida centrado en el evangelio. Un estilo de vida que medita, celebra, vive y proclama el evangelio en su vida personal, familiar, eclesial y misional.

Cuando vemos que una persona que estamos discipulado ya es capaz de vivir el evangelio en las cuatro áreas de la vida, entonces nuestro trabajo ha terminado y el crecimiento continuo de ese discípulo queda en las manos de los ministerios generales de la iglesia y su constante convivio con los miembros de la iglesia y contigo. Es finalmente en su involucramiento con la iglesia donde este discípulo seguirá creciendo el resto de su vida. En la iglesia el discípulo encontrará más oportunidades de prepararse para servir a otros miembros y enseñar el evangelio al perdido.

El final de la historia

¿Recuerdas la historia de Ricardo y Dayana? Te preguntarás qué sucedió con ellos. Con el pasar de las semanas, en medio de nuestra consejería, le presenté a Ricardo la visión de una vida centrada en el evangelio que desarrollé en este capítulo y le pedí que hablara de esta visión con su esposa.

Gradualmente ella pudo examinar su vida y detectar que estaba desbalanceada y necesitaba bajar la velocidad en su vida e invertir más tiempo conociendo y adorando a Jesús. Esto le llevo a enfocar su matrimonio en el evangelio de Cristo y la llevo a volverse a conectar con la iglesia local y comenzar a servir nuevamente. Después de unas semanas pude ver a Dayana radiante, caminando por los pasillos de la iglesia con gozo y alegría, hablando con otros miembros de la iglesia y sonriendo.

--------- RESUMEN DEL CAPÍTULO ---------

En este capítulo aprendimos lo siguiente:

- Si has hallado salvación en el evangelio de Jesucristo eres llamado a vivir comportándote "de una manera digna del evangelio de Cristo" (Fil 1:27). El evangelio que salva al pecador es el mismo evangelio que santifica al creyente y que lidera a todo miembro de la iglesia en su vida personal, eclesial y misional.

- Es el poder del evangelio el que transforma nuestra vida personal, nos une a la comunidad de la iglesia y nos envía en la misión de proclamar salvación a todos los confines de la tierra.

- Una vida centrada en el evangelio se podría resumir con la siguiente visión: "Cada día, procura meditar, celebrar, vivir y proclamar el evangelio de Jesús en tu vida personal, familiar, eclesial y misional."

- Esta visión de vida puede ser una herramienta invaluable en tu caminar con Cristo. Puede ayudarte a tomar decisiones importantes, a traer claridad cuando estás confundido y moldear tu vida según el diseño de Dios revelado en su Palabra.

Preguntas de Reflexión:

1. Se mencionaros cuatro áreas de la vida en la que debemos conocer y seguir a Jesús ¿Cuáles son estas cuatro áreas?

     _____
     _____
     _____
     _____

2. Escribe la visión de una vida centrada en el evangelio que se enseño en este capítulo:

     _____
     _____
     _____
     _____

3. Dentro de las cuatro áreas de la vida: personal, familiar, eclesial y misional ¿Qué área identificas en tu vida como un área fuerte y qué área identificas como un área débil?

     _____
     _____
     _____
     _____

4. Si llegas a ser miembro de esta iglesia, ¿Te comprometes a ser un miembro que busca vivir centrado en el evangelio en todas las áreas de la vida?

     _____
     _____
     _____

MIEMBROS UNIDOS CON UNA RELACIÓN DE PACTO

"Ten cuidado de ti mismo y de la enseñanza. Persevera en estas cosas, porque haciéndolo asegurarás la salvación tanto para ti mismo como para los que te escuchan."

1 TIMOTEO 4:16

Hemos llegado al final del libro. Ya conoces mejor a que tipo de iglesia te estarás uniendo. Ahora debes tomar una decisión. ¿Deseas aplicar para la membresía en esta iglesia local? Este es un compromiso con Dios y con tus hermanos en Cristo. Si deseas aplicar a la membresía lee y completa este capítulo y espera la respuesta de los pastores durante las siguientes semanas. Probablemente agendarán una reunión personal para conocerte mejor y responder cualquier duda que tengas antes de que puedas ser afirmado como miembro.

Si te piden cumplir con algo antes de afirmarte como miembro no te enojes o te desanimes. Ellos lo hacen con la intención de cuidar tu alma. Tal como dice Hebreos 13:17, "Obedezcan a sus pastores y sujétense a ellos, porque ellos velan por sus almas, como quienes han de dar cuenta. Permítanles que lo hagan con alegría y no quejándose, porque eso no sería provechoso para ustedes."

El pacto de membresía

Un pacto de membresía es un documento usado por las iglesias protestantes a lo largo de los siglos para expresar los compromisos bíblicos esenciales que todo creyente debe seguir. El pacto de membresía no debe añadir nada a las obligaciones bíblicas que todo creyente ya tiene por ser un discípulo de Cristo. Más bien, el pacto de membresía sólo expresa solemnemente la manera de vivir de un verdadero cristiano en comunión con la iglesia local conforme a la revelación bíblica.

La función de un pacto de membresía es expresar de manera concreta, bíblica y memorable los compromisos que los creyentes deben hacer con Dios en cuanto a su manera de vivir. El pacto de membresía tiene mucha utilidad. Veamos una pequeña lista de funciones:

- El pacto de membresía sirve para señalar nuestro compromiso público con Dios y con su iglesia.
- El pacto de membresía sirve para guiar nuestra manera de vivir como miembros de la iglesia.
- El pacto de membresía sirve para expresar la visión de vida cristiana que sostiene y enseña una iglesia local.
- El pacto de membresía sirve para examinar la salud de nuestra propia vida cristiana a la luz de las Escrituras, y guiarnos al arrepentimiento y madurez.
- El pacto de membresía sirve como un estándar claro con el cual podemos animar o exhortar a nuestros hermanos en Cristo a perseverar en la fe cristiana. A la luz de este estándar público se puede aplicar disciplina en la iglesia objetivamente.
- El pacto de membresía sirve como una guía de oración para suplicar a Dios por la santidad y fidelidad de la iglesia unida por ese pacto.
- El pacto de membresía sirve como un llamado a la acción. Los miembros de la iglesia tienen claras instrucciones de cómo se supone que deben vivir su vida cristiana de acuerdo con los estándares bíblicos.
- El pacto de membresía es la expresión de un compromiso humilde y sagrado, en el que un miembro abre su vida y da su consentimiento para ser supervisado por sus hermanos de acuerdo con el estándar bíblico, y al mismo tiempo acepta la responsabilidad de supervisar a los demás miembros de la iglesia para ayudarles a vivir para la gloria de Dios. Esto es lo que significa la santificación mutua, la comunidad de los santos, la

verdadera familia de Dios.

Estas son las funciones que tiene un pacto de membresía en una iglesia local. Juega un rol sumamente importante y valioso, y debe ser recordado y reafirmado frecuentemente en las reuniones de miembros.

Ahora te invito a leer un pacto de membresía modelo y luego a completar la aplicación para ser miembro de la iglesia. Mientras lees estos documentos, pregúntate con toda sinceridad lo siguiente: ¿Puedo comprometerme gozosamente a vivir este estilo de vida para Cristo? ¿Estoy dispuesto a obedecer a Jesús junto a mis hermanos? Si tienes algún problema o pregunta, por favor habla con tus pastores al respecto.

PACTO DE MEMBRESÍA

Habiendo sido escogidos, regenerados, llamados, justificados, santificados y adoptados como hijos de Dios Padre por el poder del Espíritu Santo mediante la vida y obra redentora de su Hijo Jesucristo, y bautizados en su nombre, ahora nos congregamos como sus hijos para hacer un pacto solemne y lleno de gozo los unos con los otros como miembros de su iglesia. Alegremente, y suplicando su gracia, nos comprometemos ante Dios:

- **A ser obedientes** a la autoridad de las Escrituras con total sumisión y devoción.
- **A ser diligentes** en buscar al Señor en oración, lectura bíblica, y adoración.
- **A ser constantes** en congregarnos regularmente para adorar a Dios cada domingo, para convivir con nuestros hermanos y para servir en el ministerio.
- **A ser fieles** en sostener la pureza del evangelio y la sana doctrina, procurando mantener la unidad en la verdad.
- **A ser amorosos** en servirnos unos a otros incluso en la enfermedad o aflicción, perseverando en animarnos, amonestarnos, perdonarnos y orar unos por otros.
- **A ser santos** en nuestra manera de vivir según los estándares bíblicos en palabra, conducta, amor, fe y pureza, arrepintiéndonos cuando pecamos, confesando nuestros pecados a Dios y al prójimo, y aferrándonos a la esperanza del evangelio para restauración.
- **A ser puros** en nuestros matrimonios o en nuestra soltería, abste-

niéndonos de toda actividad sexual que se halle fuera del matrimonio legal, heterosexual y monógamo.

- **A ser humildes** al someternos a la iglesia y a los pastores de la iglesia en el cuidado de nuestras almas, incluso cuando nuestros pecados requieran corrección o disciplina de parte de otros miembros o de los pastores, con el propósito de guiarnos al arrepentimiento y restauración.
- **A ser generosos** al contribuir ofrendando alegre y regularmente a nuestra iglesia local para el sostenimiento del ministerio y la difusión del evangelio a todas las naciones.
- **A mantener devocionales personales y familiares**, y educar a nuestros hijos en la disciplina y amonestación del Señor, siendo nosotros mismos ejemplos amorosos del evangelio de Jesucristo.
- **A ser ejemplares** absteniéndonos del chisme, la murmuración, el enojo excesivo, las blasfemias, la borrachera, el uso de drogas ilícitas, y todo comportamiento carnal y pecaminoso, según lo establecen las Sagradas Escritura.

Que la gracia del Señor Jesucristo, el amor de Dios y la comunión del Espíritu Santo sea con nosotros. Amén.

APLICACIÓN PARA MEMBRESÍA

Fecha: _____

Nombre: _____

Fecha de Nacimiento: _____

Dirección: _____

Ciudad: _____ Estado: _____ Zip: _____

Teléfono: _____

Email: _____

Estado civil:

☐ Soltero/a   ☐ Casado/a   ☐ Divorcido/a   ☐ Viudo/a

Nombte del cínyuge (si aplica):
_____

Nombre de hijos (si aplica):
_____
_____
_____

¿Cuál opción describe mejor tu situación actual?

☐ Deseo ser miembro de esta iglesia local, pero primero quiero tomar un discipulado personal para estar seguro de mi salvación.

☐ Deseo ser miembro de esta iglesia local, estoy seguro de mi salvación, pero aún necesito bautizarme bíblicamente.

☐ Deseo ser miembro de esta iglesia local, estoy seguro de mi salvación y ya he sido bautizado bíblicamente.

¿Afirmo sinceramente la confesión de fe y el pacto de membresía de mi iglesia local?

_____

En esta sección final tomarás ciertos compromisos básicos que todo creyente debe estar deseoso de tomar, ya que es simplemente un compromiso con vivir para Cristo bíblicamente. Responde cada pregunta con un SI o un NO.

COMPROMISO CON JESUCRISTO

1. ¿Soy un verdadero cristiano que se ha arrepentido de sus pecados para seguir a Jesús como Señor y Salvador?

    _____

2. ¿Me he bautizado bíblicamente según se ha explicado en este libro?

    _____

3. ¿Me comprometo a leer la Palabra de Dios y someter mi vida a la autoridad de Jesucristo, y a los pastores que el Espíritu Santo ha colocado en esta iglesia?

    _____

4. ¿Me comprometo a amar a Jesús, y pasar tiempo con él en oración, meditación bíblica y adoración?

    _____

COMPROMISO A CONGREGARSE

1. ¿Me comprometo a vivir un estilo de vida que le da prioridad a congregarme los domingos para adorar a Dios y escuchar su Palabra?

    _____

2. ¿Me comprometo a participar en adoración, en grupos de discipulado y en servir a la iglesia tan frecuentemente como pueda?

_____

COMPROMISO A LA FE BÍBLICA

1. ¿Me comprometo a ser fiel a la sana doctrina bíblica?

_____

2. ¿Me comprometo a hablar con los pastores si tengo algún desacuerdo doctrinal o práctico con las creencias de la iglesia?

_____

3. ¿Me comprometo a ser responsable y cuidadoso en la manera en que estudio la Palabra de Dios y otros libros relacionados a la fe cristiana?

_____

COMPROMISO A LA SANTIDAD Y DISCIPLINA

1. ¿Me comprometo a caminar en santidad con el deseo de glorificar a Dios?

_____

2. ¿Me comprometo someterme a la disciplina y corrección bíblica de la iglesia si la necesidad llegara a presentarse? (Mat 18:15-17)

_____

3. ¿Me comprometo a recibir con respeto y humildad las palabras de hermanos que me corrijan en amor?

_____

4. ¿Me comprometo a abstenerme de cualquier expresión sexual a solas o con cualquier persona que no sea mi cónyuge?

_____

5. Si estoy casado, ¿Me comprometo a vivir en absoluta fidelidad a mi cónyuge dentro del matrimonio heterosexual y monógamo?

_____

6. Si estoy casado, ¿Me comprometo a preservar mi matrimonio de tal forma que si llegase a considerar el divorcio primero pediría ayuda y consejo de la iglesia antes de tomar una decisión de acabar con el matrimonio?

_____

7. ¿Me comprometo a abstenerme del uso de drogas ilegales?

_____

8. ¿Me comprometo a abstenerme del abuso de alcohol y de abstenerme por completo si fuere necesario para resguardar mi testimonio y no ser piedra de tropiezo a un hermano en Cristo?

_____

9. ¿Me comprometo a abstenerme del chisme, la murmuración, la división, el uso de malas palabras, del engaño, y de toda actitud o comportamiento pecaminoso condenado en la Biblia?

_____

COMPROMISO A OFRENDAR

1. ¿Me comprometo a ofrendar o diezmar generosamente a la iglesia local como un acto de obediencia y adoración a Jesús?

_____

COMPROMISO A SERVIR

1. ¿Me comprometo a dar lo mejor de mi para servir a Dios con esmero y excelencia según las necesidades surjan y según Dios provea dones?

_____

_____

Firma

Apéndices

1. CREDOS, CONFESIONES Y DECLARACIONES DOCTRINALES

2. RESPUESTAS: ESTUDIO INTERACTIVO DE TEOLOGÍA

APÉNDICE 1:
Credos, Confesiones y Declaraciones Doctrinales

En el transcurso de su historia, en diversas épocas y regiones del mundo, la iglesia ha escrito documentos oficiales que expresan la sana doctrina de una manera abreviada y precisa. Entre estos documentos se destacan los antiguos credos, las confesiones de fe y, más recientemente, las declaraciones sobre temas controversiales. La importancia y utilidad de los credos, confesiones y declaraciones se podría resumir en cinco propósitos:

1. Proveer un resumen claro y conciso de nuestro entendimiento de la doctrina bíblica esencial.
2. Proteger la fe bíblica de la influencia de desviaciones doctrinales que pudieran surgir dentro o fuera de la iglesia en el futuro.
3. Ser una herramienta para enseñar a las próximas generaciones la sana doctrina bíblica con fidelidad.
4. Tener una base clara para resolver desacuerdos o conflictos doctrinales dentro de la iglesia (y en relación con otras iglesias).
5. Facilitar la identificación de iglesias, organizaciones o ministerios doctrinalmente confiables para fomentar la cooperación ministerial.

Credos

Los credos no son documentos particularmente bautistas. Más bien, los credos son afirmados por todos los cristianos de todas las denominaciones. Estos credos son antiguos y cuando los leas te darás cuenta de que usan la frase "iglesia católica." Cuando se usa la frase "iglesia católica" en estos antiguos credos no se usa en el sentido moderno refiriéndose a la iglesia católica romana, sino que se usa en el sentido antiguo que se refiere a la iglesia cristiana, universal o global.[1] Es importante recordar que estos credos fueron escritos antes de que la iglesia católica romana se estableciera como una rama distintiva del cristianismo.

Existen cuatro antiguos credos casi universalmente aceptados (y por eso son llamados credos católicos o universales):

1. El credo de los Apóstoles (Siglo III-IV)
2. El credo de Nicea-Constantinopla (325 d. C. y revisado en 381 d. C.)
3. El credo de Calcedonia (451 d. C.)
4. El credo de Atanasio (Siglo IV-V).

Confesiones

Además de estos credos, muchas iglesias bautistas afirman confesiones de fe bautistas. Estas confesiones presentan una conjunto más grande y organizado de doctrinas bíblicas comúnmente abrazadas por las iglesias bautistas. Estos credos definen bíblicamente doctrinas importantes como: quién es Dios, quién es Cristo, qué es la Biblia, qué es el evangelio, qué es la iglesia, qué es el bautismo y la cena del Señor, y cómo debemos entender la santificación. Las dos confesiones bautistas más usadas en nuestros días son:

1. *Fe y Mensaje Bautista 2000*
2. *Segunda Confesión Bautista de Fe de Londres de 1689*

Declaraciones

Además de las confesiones de fe, recientemente los grupos conserva-

---

1 La palabra católico proviene del griego "catholicós" (καθολικός) que significa universal o general (ver BDAG). Este significado lo podemos ver ilustrado en la titulación de algunas cartas del Nuevo Testamento como "epístolas católicas," es decir, epístolas generales o universales que se dirigen a las iglesias en general (las epístolas católicas o generales son tradicionalmente siete: Santiago, 1 y 2 Pedro, 1, 2, y 3 Juan, y Judas). Estas cartas son llamadas católicas en contraste a las cartas específicamente escritas a una iglesia en particular como Gálatas o 1 y 2 de Tesalonicenses.

dores o evangélicos del cristianismo (en contraste con sectores liberales) han escrito y adoptado otros documentos llamados "Declaraciones." Estas declaraciones doctrinales lidian con temas muy específicos y controversiales, usualmente con una dinámica de afirmaciones y negaciones, para expresar una posición bíblica ante algunos debates doctrinales modernos. En particular, hay tres declaraciones importantes que debes conocer:

1. La Declaración de Chicago (sobre la inerrancia bíblica).
2. La Declaración de Nashville (sobre la sexualidad e identidad de género desde una perspectiva bíblica).
3. La Declaración de Danvers (sobre la masculinidad y feminidad bíblica).

Todos estos documentos son útiles para ayudar a pastores y miembros de la iglesia a encontrar palabras adecuadas para expresar lo que creemos, y pueden ser fácilmente hallados en internet. Los Credos, Confesiones y Declaraciones oficiales no representan documentos infalibles que imponen en nosotros ciertas creencias, más bien, son documentos que sirven para expresar resumidamente nuestro entendimiento la Biblia y protegernos de desviaciones doctrinales en áreas que ignoramos.

Como un ejemplo de estos documentos a continuación podrás leer ambas confesiones bautistas mencionadas anteriormente: primero, Fe y Mensaje Bautista 2000, y luego podrás leer la Segunda Confesión Bautista de Fe de Londres de 1689.[2]

FE Y MENSAJE BAUTISTA 2000[3]

I. Las Escrituras

La Santa Biblia fue escrita por hombres divinamente inspirados y es la revelación que Dios hace de sí mismo al hombre. Es un tesoro perfecto de instrucción divina.

---

2 Usualmente estas confesiones incluyen abundantes citas bíblicas en notas al pie de cada sección doctrinal. Sin embargo, en este apéndice presentaremos las confesiones sin estas listas de versículos de apoyo.

3 Puedes encontrar la Fe y Mensaje Bautista en: https://bfm.sbc.net/fe-y-mensaje-bautistas/

Tiene a Dios como su autor, su propósito es la salvación, y su tema es la verdad, sin mezcla alguna de error. Por tanto, toda la Escritura es totalmente verdadera y confiable. Ella revela los principios por los cuales Dios nos juzga, y por tanto es y permanecerá siendo hasta el fin del mundo, el centro verdadero de la unión cristiana, y la norma suprema por la cual toda conducta, credos, y opiniones religiosas humanas deben ser juzgadas. Toda la Escritura es un testimonio de Jesús, quien es Él mismo el centro de la revelación divina.

II. Dios

Hay un Dios, y solo uno, viviente y verdadero. Él es un Ser inteligente, espiritual y personal, el Creador, Redentor, Preservador y Gobernador del universo. Dios es infinito en santidad y en todas las otras perfecciones. Dios es todopoderoso y omnisciente; y su perfecto conocimiento se extiende a todas las cosas, pasadas, presentes y futuras, incluyendo las decisiones futuras de sus criaturas libres. A Él le debemos el amor más elevado, reverencia y obediencia. El Dios eterno y trino se revela a sí mismo como Padre, Hijo y Espíritu Santo, con distintos atributos personales, pero sin división de naturaleza, esencia o ser.

a. Dios el Padre: Dios como Padre reina con cuidado providencial sobre todo su universo, sus criaturas, y el fluir de la corriente de la historia humana de acuerdo a los propósitos de su gracia. Él es todopoderoso, omnisciente, todo amor, y todo sabio. Dios es Padre en verdad de todos aquellos que llegan a ser sus hijos por medio de la fe en Cristo Jesús. Él es paternal en su actitud hacia todos los hombres.

b. Dios el Hijo: Cristo es el Hijo eterno de Dios. En su encarnación como Jesucristo fue concebido del Espíritu Santo y nacido de la virgen María. Jesús reveló y cumplió perfectamente la voluntad de Dios, tomando sobre sí mismo la naturaleza humana con sus demandas y necesidades e identificándose completamente con la humanidad, pero sin pecado. Él honró la ley divina por su obediencia personal, y en su muerte sustituta en la cruz, Él hizo provisión para la redención de los hombres del pecado. Él fue levantado de entre los muertos con un cuerpo glorificado y apareció a sus discípulos como la persona que estaba con ellos antes de su crucifixión. Él ascendió a los cielos y está ahora exaltado a la diestra de Dios donde Él es el Único Mediador, completamente Dios, completamente hombre, en cuya Persona se ha efectuado la reconciliación entre Dios y el hombre. Él volverá con poder y gloria para juzgar al mundo y consumar su misión redentora. Él mora ahora en todos los creyentes como el Señor vivo y omnisciente.

c. Dios, el Espíritu Santo: El Espíritu Santo es el Espíritu de Dios, completamente divino. Él inspiró a santos hombres de la antigüedad para que escribieran las Escrituras. Mediante la iluminación Él capacita a los hombres para entender la verdad. Él exalta a Cristo. Él convence a los hombres de pecado, de justicia, y de juicio. Él llama a los hombres al Salvador, y efectúa la regeneración. En el momento de la regeneración Él bautiza a cada creyente en el Cuerpo de Cristo. Él cultiva el carácter cristiano, conforta a los creyentes, y les da los dones espirituales por medio de los cuales ellos sirven a Dios mediante su iglesia. Él sella al creyente para el día de la redención final. Su presencia en el cristiano es la garantía de que Dios llevará al creyente hasta alcanzar la plenitud de la estatura de Cristo. Él ilumina y da poder al creyente y a la iglesia en adoración, evangelismo, y servicio.

III. El hombre

El hombre es la creación especial de Dios, hecho a su propia imagen. Él los creó hombre y mujer como la corona de su creación. La dádiva del género es por tanto parte de la bondad de la creación de Dios. En el principio el hombre era inocente y fue dotado por Dios con la libertad para elegir. Por su propia decisión el hombre pecó contra Dios y trajo el pecado a la raza humana. Por medio de la tentación de Satanás el hombre transgredió el mandamiento de Dios, y cayó de su estado original de inocencia, por lo cual su posteridad heredó una naturaleza y un ambiente inclinado al pecado. Por tanto, tan pronto como son capaces de realizar una acción moral, se convierten en transgresores y están bajo condenación. Solamente la gracia de Dios puede traer al hombre a su compañerismo santo y capacitar al hombre para que cumpla el propósito creativo de Dios. La santidad de la personalidad humana es evidente en que Dios creó al hombre a su propia imagen, y en que Cristo murió por el hombre; por lo tanto, cada persona de cada raza posee absoluta dignidad y es digna del respeto y del amor cristiano.

IV. Salvación

La salvación implica la redención total del hombre, y se ofrece gratuitamente a todos los que aceptan a Jesucristo como Señor y Salvador, quien por su propia sangre obtuvo redención eterna para el creyente. En su sentido más amplio la salvación incluye la regeneración, la justificación, la santificación, y la glorificación. No hay salvación aparte de la fe personal en Jesucristo como Señor.

a. Regeneración, o el nuevo nacimiento, es una obra de la gracia de Dios por la cual los creyentes llegan a ser nuevas criaturas en Cristo Jesús. Es un cambio de corazón, obrado por el Espíritu Santo por medio de la convicción de pecado, al cual el pecador responde en arrepentimiento hacia Dios y fe en el Señor Jesucristo. El arrepentimiento y la fe son experiencias de gracia inseparables. El arrepentimiento es una genuina vuelta del pecado hacia Dios. La fe es la aceptación de Jesucristo y la dedicación de la personalidad total a Él como Señor y Salvador.

b. Justificación, es la obra de gracia de Dios y la completa absolución basada en los principios de su gracia hacia todos los pecadores que se arrepienten y creen en Cristo. La justificación coloca al creyente en una relación de paz y favor con Dios.

c. Santificación es la experiencia que comienza en la regeneración, mediante la cual el creyente es separado para los propósitos de Dios, y es capacitado para progresar hacia la madurez moral y espiritual por medio de la presencia del Espíritu Santo que mora en él. El crecimiento en gracia debe continuar durante toda la vida de la persona regenerada.

d. Glorificación es la culminación de la salvación y es el estado bendito y permanente del redimido.

V. El Propósito de la Gracia de Dios

La elección es el propósito de la gracia de Dios, según el cual Él regenera, justifica, santifica y glorifica a los pecadores. Es consistente con el libre albedrío del hombre, e incluye todos los medios relacionados con el fin. Es la gloriosa expresión de la bondad soberana de Dios, y es infinitamente sabia, santa e inmutable. Excluye la jactancia y promueve la humildad.

Todos los verdaderos creyentes perseveran hasta el fin. Aquellos a quienes Dios ha aceptado en Cristo y santificado por su Espíritu, jamás caerán del estado de gracia, sino que perseverarán hasta el fin. Los creyentes pueden caer en pecado por negligencia y tentación, por lo cual contristan al Espíritu, menoscaban sus virtudes y su bienestar, y traen reproche a la causa de Cristo y juicios temporales sobre sí mismos; sin embargo, ellos serán guardados por el poder de Dios mediante la fe para salvación.

VI. La Iglesia

Una iglesia del Nuevo Testamento del Señor Jesucristo es una congregación local y autónoma de creyentes bautizados, asociados en un pacto en la fe y el compañerismo del evangelio; cumpliendo las dos ordenanzas de Cristo, gobernada por sus leyes, ejercitando los dones, derechos, y privilegios con los cuales han sido investidos por su Palabra, y que tratan de predicar el evangelio hasta los fines de la tierra. Cada congregación actúa bajo el señorío de Jesucristo por medio de procesos democráticos. En tal congregación cada miembro es responsable de dar cuentas a Jesucristo como Señor. Sus oficiales escriturales son pastores y diáconos. Aunque tanto los hombres como las mujeres son dotados para servir en la iglesia, el oficio de pastor está limitado a los hombres, como lo limita la Escritura.

El Nuevo Testamento habla también de la iglesia como el Cuerpo de Cristo el cual incluye a todos los redimidos de todas las edades, creyentes de cada tribu, y lengua, y pueblo, y nación.

VII. El Bautismo y la Cena del Señor

El bautismo cristiano es la inmersión de un creyente en agua en el nombre del Padre, del Hijo, y del Espíritu Santo. Es un acto de obediencia que simboliza la fe del creyente en un Salvador crucificado, sepultado y resucitado, la muerte del creyente al pecado, la sepultura de la antigua vida, y la resurrección para andar en novedad de vida en Cristo Jesús. Es un testimonio de su fe en la resurrección final de los muertos. Como es una ordenanza de la iglesia, es un requisito que precede al privilegio de ser miembro de la iglesia y a participar en la Cena del Señor.

La Cena del Señor es un acto simbólico de obediencia por el cual los miembros de la iglesia, al participar del pan y del fruto de la vid, conmemoran la muerte del Redentor y anuncian su segunda venida.

VIII. El Día del Señor

El primer día de la semana es el Día del Señor. Es una institución cristiana que se debe observar regularmente. Conmemora la resurrección de Cristo de entre los muertos y debe incluir ejercicios de adoración y devoción espiritual, tanto públicos como privados. Las actividades en el Día del Señor deben estar de acuerdo con la conciencia cristiana bajo el Señorío de Jesucristo.

IX. El Reino

El Reino de Dios incluye tanto su soberanía general sobre el universo como su señorío particular sobre los hombres que voluntariamente lo reconocen como Rey. Particularmente el Reino es el reino de la salvación en el cual los hombres entran mediante su entrega a Jesucristo por medio de una fe y confianza semejante a la de un niño. Los cristianos deben orar y trabajar para que venga el Reino y que la voluntad de Dios se haga en la tierra. La consumación final del Reino espera el regreso de Jesucristo y el fin de esta era.

X. Las Últimas Cosas

Dios, en su propio tiempo y en su propia manera, traerá el mundo a su fin apropiado. De acuerdo a su promesa, Jesucristo regresará a la tierra en gloria de manera personal y visible; los muertos resucitarán; y Cristo juzgará a todos los hombres en justicia. Los injustos serán consignados al Infierno, el lugar del castigo eterno. Los justos en sus cuerpos resucitados y glorificados recibirán su recompensa y morarán para siempre en el Cielo con el Señor.

XI. Evangelismo y Misiones

Es deber y privilegio de cada seguidor de Cristo y de cada iglesia del Señor Jesucristo esforzarse por hacer discípulos de todas las naciones. El nuevo nacimiento del espíritu del hombre por el Espíritu Santo de Dios significa el nacimiento del amor a los demás. El esfuerzo misionero de parte de todos, por lo tanto, depende de una necesidad espiritual de la vida regenerada, y se expresa y ordena repetidamente en las enseñanzas de Cristo. El Señor Jesucristo ha ordenado que se predique el evangelio a todas las naciones. Es deber de cada hijo de Dios procurar constantemente ganar a los perdidos para Cristo mediante el testimonio personal apoyado por un estilo de vida cristiano, y por otros métodos que estén en armonía con el evangelio de Cristo.

XII. Educación

El cristianismo es la fe de la iluminación y la inteligencia. En Jesucristo habitan todos los tesoros de sabiduría y conocimiento. Todo conocimiento básico es, por lo tanto, una parte de nuestra herencia cristiana. El nuevo nacimiento abre todas las facultades humanas y crea sed de conocimiento. Por otra parte, la causa de la educación en el Reino de Cristo está coordinada con las causas de las misiones y de la beneficencia, y debe recibir juntamente con éstas el apoyo liberal de las iglesias. Un sistema adecuado de educación cristiana es necesario para completar el programa espiritual del cuerpo de Cristo.

En la educación cristiana debe haber un balance apropiado entre la libertad académica y la responsabilidad académica. La libertad en cualquier relación humana ordenada es siempre limitada y nunca absoluta. La libertad de un maestro en una institución educacional cristiana, escuela, colegio, universidad o seminario, está siempre limitada por la preeminencia de Jesucristo, la naturaleza autoritativa de las Escrituras, y por el propósito distintivo para el cual la escuela existe.

XIII. Mayordomía

Dios es la fuente de todas las bendiciones, temporales y espirituales; todo lo que tenemos y somos se lo debemos a Él. Los cristianos están endeudados espiritualmente con todo el mundo, un encargo santo en el evangelio, y una mayordomía obligatoria en sus posesiones. Por tanto, están bajo la obligación de servir a Dios con su tiempo, talentos y posesiones materiales; y deben reconocer que todo esto les ha sido confiado para que lo usen para la gloria de Dios y para ayudar a otros. De acuerdo con las Escrituras, los cristianos deben contribuir de lo que tienen, alegre, regular, sistemática, proporcional y liberalmente para el progreso de la causa del Redentor en la tierra.

XIV. Cooperación

El pueblo de Cristo debe, según la ocasión lo requiera, organizar tales asociaciones y convenciones que puedan asegurar de la mejor manera posible la cooperación necesaria para lograr los grandes objetivos del Reino de Dios. Tales organizaciones no tienen autoridad una sobre otra ni sobre las iglesias. Ellas son organizaciones voluntarias para aconsejar, para descubrir, combinar y dirigir las energías de nuestro pueblo de la manera más eficaz. Los miembros de las iglesias del Nuevo Testamento deben cooperar unos con otros en llevar adelante los ministerios misioneros, educacionales y benevolentes para la extensión del Reino de Cristo. La unidad cristiana en el sentido del Nuevo Testamento, es armonía espiritual y cooperación voluntaria para fines comunes por varios grupos del pueblo de Cristo. La cooperación entre las denominaciones cristianas es deseable, cuando el propósito que se quiere alcanzar se justifica en sí mismo, y cuando tal cooperación no incluye violación alguna a la conciencia ni compromete la lealtad a Cristo y su Palabra como se revela en el Nuevo Testamento.

XV. El Cristiano y el Orden Social

Todos los cristianos están bajo la obligación de procurar hacer que la voluntad de Cristo sea soberana en nuestras propias vidas y en la sociedad humana. Los medios y los métodos usados para mejorar la sociedad y para el establecimiento de la justicia entre los hombres pueden ser verdadera y permanentemente útiles solamente cuando están enraizados en la regeneración del individuo por medio de la gracia salvadora de Dios en Jesucristo. En el espíritu de Cristo, los cristianos deben oponerse al racismo, a toda forma de codicia, egoísmo, vicio, a todas las formas de inmoralidad sexual, incluyendo el adulterio, la homosexualidad y la pornografía. Nosotros debemos trabajar para proveer para los huérfanos, los necesitados, los abusados, los ancianos, los indefensos y los enfermos. Debemos hablar a favor de los que no han nacido y luchar por la santidad de toda la vida humana desde la concepción hasta la muerte natural. Cada cristiano debe procurar hacer que la industria, el gobierno y la sociedad como un todo estén regidos por los principios de la justicia, la verdad y el amor fraternal. Para promover estos fines los cristianos deben estar dispuestos a trabajar con todos los hombres de buena voluntad en cualquier causa, siendo siempre cuidadosos de actuar en el espíritu de amor sin comprometer su lealtad a Cristo y a su verdad.

XVI. Paz y Guerra

Es el deber de todo cristiano buscar la paz con todos los hombres basándose en los principios de justicia. De acuerdo con el espíritu y las enseñanzas de Cristo, ellos deben hacer todo lo que esté de su parte para poner fin a la guerra.

El verdadero remedio al espíritu guerrero es el evangelio de nuestro Señor. La necesidad suprema del mundo es la aceptación de sus enseñanzas en todas las relaciones de hombres y naciones, y la aplicación práctica de su ley de amor. Las personas cristianas en todo el mundo deben orar por el reino del Príncipe de Paz.

XVII. Libertad Religiosa

Solamente Dios es Señor de la conciencia, y Él la ha dejado libre de las doctrinas y de los mandamientos de hombres que son contrarios a su Palabra o no contenidos en ella. La iglesia y el estado deben estar separados. El estado debe protección y completa libertad a toda iglesia en el ejercicio de sus fines espirituales. Al proveer tal libertad ningún grupo eclesiástico o denominación debe ser favorecida por el estado sobre otros grupos. Como el gobierno civil es ordenado por Dios, es deber de los cristianos rendirle obediencia leal en todas las cosas que no son contrarias a la voluntad revelada de Dios. La iglesia no debe recurrir al poder civil para realizar su obra. El evangelio de Cristo considera solamente los medios espirituales para alcanzar sus fines. El estado no tiene derecho a imponer penalidades por opiniones religiosas de cualquier clase. El estado no tiene derecho a imponer impuestos para el sostenimiento de ninguna forma de religión. El ideal cristiano es el de una iglesia libre en un estado libre, y esto implica el derecho para todos los hombres del acceso libre y sin obstáculos a Dios, y el derecho a formar y propagar opiniones en la esfera de la religión, sin interferencia por parte del poder civil.

XVIII. La Familia

Dios ha ordenado la familia como la institución fundamental de la sociedad humana. Está compuesta por personas relacionadas unas con otras por matrimonio, sangre o adopción.

El matrimonio es la unión de un hombre y una mujer en un pacto de compromiso por toda la vida. Es el don único de Dios para revelar la unión entre Cristo y Su iglesia y para proveer para el hombre y la mujer en el matrimonio un medio para compañerismo íntimo, el canal para la expresión sexual de acuerdo a los patrones bíblicos, y los medios para la procreación de la raza humana.

El esposo y la esposa tienen el mismo valor delante de Dios, puesto que ambos fueron creados a la imagen de Dios. La relación matrimonial modela la forma como Dios se relaciona con su pueblo. Un esposo debe amar a su esposa como Cristo amó a la iglesia. Él tiene la responsabilidad dada por Dios de proveer, proteger y dirigir a su familia. Una esposa debe someterse con gracia al liderazgo como siervo de su esposo, así como la iglesia se sujeta voluntariamente a la dirección de Cristo. Ella, siendo creada a la imagen de Dios como lo es su marido, y por tanto igual a él, tiene la responsabilidad dada por Dios de respetar a su marido y servirle de ayuda en la administración del hogar y la educación de la próxima generación.

Los niños, desde el momento de la concepción, son una bendición y herencia del Señor. Los padres deben demostrar a sus hijos el modelo de Dios para el matrimonio. Los padres deben enseñar a sus hijos los valores espirituales y morales, y dirigirlos, mediante el ejemplo de un estilo de vida consistente y una disciplina amorosa, para que hagan decisiones basadas en la verdad bíblica. Los hijos deben honrar y obedecer a sus padres.

SEGUNDA CONFESIÓN BAUTISTA DE FE DE LONDRES DE 1689[4]

I. De las Santas Escrituras

1. La Santa Escritura es la única regla suficiente, segura e infalible de todo conocimiento, fe y obediencia salvadores. Aunque la luz de la naturaleza y las obras de la creación y de la providencia manifiestan de tal manera la bondad, sabiduría y poder de Dios que dejan a los hombres sin excusa, no son, sin embargo, suficientes para dar aquel conocimiento de Dios y de su voluntad que es necesario para la salvación. Por tanto, agradó al Señor, en distintas épocas y de diversas maneras, revelarse a sí mismo y declarar su voluntad a su Iglesia; y posteriormente, para conservar y propagar mejor la verdad y para un establecimiento y consuelo más seguros de la Iglesia contra la corrupción de la carne y la malicia de Satanás y del mundo, le agradó poner por escrito esa revelación en su totalidad, lo cual hace a las Santas Escrituras muy necesarias, habiendo cesado ya aquellas maneras anteriores por las cuales Dios reveló su voluntad a su pueblo.

2. Bajo el nombre de la Santa Escritura, o la Palabra de Dios escrita, están ya contenidos todos los libros del Antiguo y Nuevo Testamento, que son estos:

Antiguo Testamento

Génesis	1 Reyes	Eclesiastés	Abdías
Éxodo	2 Reyes	Cantares	Jonás
Levítico	1 Crónicas	Isaías	Miqueas
Números	2 Crónicas	Jeremías	Nahúm
Deuteronomio	Esdras	Lamentaciones	Habacuc
Josué	Nehemías	Ezequiel	Sofonías
Jueces	Ester	Daniel	Hageo
Rut	Job	Oseas	Zacarías
1 Samuel	Salmos	Joel	Malaquías
2 Samuel	Proverbios	Amós	

---

4 Esta traducción de la segunda confesión de fe bautista ha sido tomada de: *Esto Creemos: Confesión Baptista de Fe de 1689*, Cuarta edición revisada. (Moral de Calatrava, Ciudad Real: Editorial Peregrino, 2011).

Nuevo Testamento

Mateo	Filipenses	1 Pedro
Marcos	Colosenses	2 Pedro
Lucas	1 Tesalonicenses	1 Juan
Juan	2 Tesalonicenses	2 Juan
Hechos	1 Timoteo	3 Juan
Romanos	2 Timoteo	Judas
1 Corintios	Tito	Apocalipsis
2 Corintios	Filemón	
Gálatas	Hebreos	
Efesios	Santiago	

Todos ellos fueron dados por inspiración de Dios para ser la regla de fe y de vida.

3. Los libros comúnmente llamados Apócrifos, no siendo de inspiración divina, no forman parte del canon o regla de la Escritura y, por tanto, no tienen autoridad para la Iglesia de Dios, ni deben aceptarse ni usarse excepto de la misma manera que otros escritos humanos.

4. La autoridad de la Santa Escritura, por la que esta debe ser creída, no depende del testimonio de ningún hombre o iglesia, sino enteramente de Dios (quien es la verdad misma), el autor de ella; por tanto, debe ser recibida porque es la Palabra de Dios.

5. El testimonio de la Iglesia de Dios puede movernos e inducirnos a tener una alta y reverente estima por las Santas Escrituras; y el carácter celestial del contenido, la eficacia de la doctrina, la majestad del estilo, la armonía de todas las partes, el fin que se propone alcanzar en todo su conjunto (que es el de dar toda la gloria a Dios), la plena revelación que dan del único camino de salvación para el hombre, y muchas otras incomparables excelencias y plenas perfecciones de las mismas, son argumentos por los cuales dan abundante evidencia de ser la Palabra de Dios. A pesar de ello, sin embargo, nuestra plena persuasión y certeza de su verdad infalible y su autoridad divina provienen de la obra interna del Espíritu Santo, quien da testimonio en nuestros corazones por medio de la Palabra y con ella.

6. Todo el consejo de Dios tocante a todas las cosas necesarias para su propia gloria, la salvación del hombre, la fe y la vida, está expresamente expuesto o necesariamente contenido en la Santa Escritura; a la cual nada, en ningún momento, ha de añadirse, ni por nueva revelación del Espíritu ni por las

tradiciones de los hombres. Sin embargo, reconocemos que la iluminación interna del Espíritu de Dios es necesaria para un entendimiento salvador de aquellas cosas que están reveladas en la Palabra, y que hay algunas circunstancias tocantes a la adoración de Dios y al gobierno de la Iglesia, comunes a las acciones y sociedades humanas, que han de determinarse conforme a la luz de la naturaleza y de la prudencia cristiana, según las normas generales de la Palabra, que han de guardarse siempre.

7. No todas las cosas contenidas en las Escrituras son igualmente claras en sí mismas ni son igualmente claras para todos; sin embargo, las cosas que necesariamente han de saberse, creerse y guardarse para salvación, se proponen y exponen tan claramente en uno u otro lugar de la Escritura que no solo los eruditos, sino los que no lo son, pueden adquirir un entendimiento suficiente de tales cosas por el uso adecuado de los medios ordinarios.

8. El Antiguo Testamento en hebreo (que era el idioma nativo del pueblo de Dios antiguamente), y el Nuevo Testamento en griego (que en el tiempo en que fue escrito era el idioma más generalmente conocido entre las naciones), siendo inspirados inmediatamente por Dios y mantenidos puros a lo largo de todos los tiempos por su especial cuidado y providencia, son, por tanto, auténticos; de tal forma que, en toda controversia religiosa, la Iglesia debe apelar a ellos en última instancia. Pero debido a que estos idiomas originales no son conocidos por todo el pueblo de Dios, que tiene derecho a las Escrituras e interés en las mismas, y se le manda leerlas y escudriñarlas en el temor de Dios, se sigue que han de traducirse a la lengua vulgar [es decir, común] de toda nación a la que sean llevadas, para que morando abundantemente la Palabra de Dios en todos, puedan adorarle de manera aceptable y para que, por la paciencia y consolación de las Escrituras, tengan esperanza.

9. La regla infalible de interpretación de la Escritura es la propia Escritura; y, por consiguiente, cuando surge una duda respecto al verdadero y pleno sentido de cualquier Escritura (que no es múltiple, sino único), éste se debe buscar por medio de otros pasajes que hablen con más claridad.

10. El juez supremo, por el que deben decidirse todas las controversias religiosas, y por el que deben examinarse todos los decretos de concilios, las opiniones de autores antiguos, las doctrinas de hombres y espíritus particulares, y cuya sentencia debemos acatar, no puede ser otro sino la Santa Escritura entregada por el Espíritu. A dicha Escritura así entregada, se reduce nuestra fe en última instancia.

II. De Dios y de la Santa Trinidad

1. El Señor nuestro Dios es un Dios único, vivo y verdadero; cuya subsistencia está en él mismo y es de él mismo, infinito en ser y perfección; cuya esencia no puede ser comprendida por nadie sino por él mismo; es espíritu purísimo, invisible, sin cuerpo, miembros o pasiones, el único que tiene inmortalidad y que habita en luz inaccesible; es inmutable, inmenso, eterno, incomprensible, todopoderoso, infinito en todos los sentidos, santísimo, sapientísimo, libérrimo, absoluto; que hace todas las cosas según el consejo de su inmutable y justísima voluntad, para su propia gloria; es amantísimo, benigno, misericordioso, longánimo, abundante en bondad y verdad, que perdona la iniquidad, la transgresión y el pecado; galardonador de los que le buscan con diligencia, y, sobre todo, justísimo y terrible en sus juicios, que odia todo pecado y que de ninguna manera dará por inocente al culpable.

2. Teniendo Dios en sí mismo y por sí mismo toda vida, gloria, bondad y bienaventuranza, es todosuficiente en sí mismo y respecto a sí mismo, no teniendo necesidad de ninguna de las criaturas que él ha hecho, ni derivando ninguna gloria de ellas, sino que solamente manifiesta su propia gloria en ellas, por ellas, hacia ellas y sobre ellas; él es la única fuente de todo ser, de quien, por quien y para quien son todas las cosas, teniendo sobre todas las criaturas el más soberano dominio para hacer mediante ellas, para ellas y sobre ellas todo lo que le agrade; todas las cosas están desnudas y abiertas a sus ojos; su conocimiento es infinito, infalible e independiente de la criatura, de modo que para él no hay ninguna cosa contingente o incierta. Es santísimo en todos sus consejos, en todas sus obras y en todos sus mandatos; a él se le debe, por parte de los ángeles y los hombres, toda adoración, servicio u obediencia que como criaturas deben al Creador, y cualquier cosa adicional que a él le placiera demandar de ellos.

3. En este Ser divino e infinito hay tres subsistencias, el Padre, el Verbo o Hijo y el Espíritu Santo, de una sustancia, poder y eternidad, teniendo cada uno toda la esencia divina, pero la esencia indivisa: el Padre no es de nadie, ni por generación ni por procesión; el Hijo es engendrado eternamente del Padre, y el Espíritu Santo procede del Padre y del Hijo; todos ellos son infinitos, sin principio y, por tanto, son un solo Dios, que no ha de ser dividido en naturaleza y ser, sino distinguido por varias propiedades relativas peculiares y relaciones personales; dicha doctrina de la Trinidad es el fundamento de toda nuestra comunión con Dios y nuestra consoladora dependencia de él.

III. Del Decreto de Dios

1. Dios, desde toda la eternidad, por el sapientísimo y santísimo consejo de su propia voluntad, ha decretado en sí mismo, libre e inalterablemente, todas las cosas, todo lo que sucede; sin embargo, de tal manera que por ello Dios ni es autor del pecado ni tiene comunión con nadie en el mismo; ni se hace violencia a la voluntad de la criatura, ni se quita la libertad o contingencia de las causas secundarias, sino que más bien se las establece; en lo cual se manifiesta su sabiduría en disponer todas las cosas, y su poder y fidelidad en efectuar su decreto.

2. Aunque Dios sabe todo lo que pudiera o puede pasar en todas las condiciones que se puedan suponer, sin embargo nada ha decretado porque lo previera como futuro o como aquello que había de suceder en dichas condiciones.

3. Por el decreto de Dios, para la manifestación de su gloria, algunos hombres y ángeles son predestinados, o preordinados, a vida eterna por medio de Jesucristo, para alabanza de la gloria de su gracia; a otros se les deja actuar en su pecado para su justa condenación, para alabanza de la gloria de su justicia.

4. Estos ángeles y hombres así predestinados y preordinados están designados particular e inalterablemente, y su número es tan cierto y definido que no se puede ni aumentar ni disminuir.

5. A aquellos de la humanidad que están predestinados para vida, Dios (antes de la fundación del mundo, según su propósito eterno e inmutable y el consejo secreto y beneplácito de su voluntad) los ha escogido en Cristo para gloria eterna, meramente por su libre gracia y amor, sin que ninguna otra cosa en la criatura, como condición o causa, le moviera a ello.

6. Así como Dios ha designado a los elegidos para la gloria, de la misma manera, por el propósito eterno y libérrimo de su voluntad, ha preordinado todos los medios para ello; por tanto, los que son elegidos, habiendo caído en Adán, son redimidos por Cristo, eficazmente llamados a la fe en Cristo por su Espíritu obrando a su debido tiempo, son justificados, adoptados, santificados y guardados por su poder, mediante la fe, para salvación; asimismo nadie más es redimido por Cristo, o eficazmente llamado, justificado, adoptado, santificado y salvado, sino solamente los elegidos.

7. La doctrina del profundo misterio de la predestinación debe tratarse con especial prudencia y cuidado, para que los hombres, al atender a la voluntad de Dios revelada en su Palabra y, al prestar obediencia a la misma,

puedan, por la certeza de su llamamiento eficaz, estar seguros de su elección eterna; de este modo, esta doctrina proporcionará motivo de alabanza, reverencia y admiración a Dios, y de humildad, diligencia y abundante consuelo a todos los que sinceramente obedecen al evangelio.

IV. De la Creación

1. En el principio agradó a Dios Padre, Hijo y Espíritu Santo, para la manifestación de la gloria de su poder, sabiduría y bondad eternos, crear o hacer el mundo y todas las cosas que en él hay, ya sean visibles o invisibles, en el lapso de seis días, y todas muy buenas.

2. Después que Dios hubo creado todas las demás criaturas, creó al hombre, varón y hembra, con almas racionales e inmortales, haciéndolos aptos para aquella vida para con Dios para la cual fueron creados; siendo hechos a imagen de Dios, en conocimiento, justicia y santidad de la verdad; teniendo la ley de Dios escrita en sus corazones, y el poder para cumplirla y, sin embargo, con la posibilidad de transgredirla, por haber sido dejados a la libertad de su propia voluntad, que era mutable.

3. Además de la ley escrita en sus corazones, recibieron un mandato de no comer del árbol del conocimiento del bien y del mal; y, mientras lo guardaron, fueron felices en su comunión con Dios y tuvieron dominio sobre las criaturas.

V. De la Divina Providencia

1. Dios, el buen Creador de todo, en su infinito poder y sabiduría, sostiene, dirige, dispone y gobierna a todas las criaturas y cosas, desde la mayor hasta la más pequeña, por su sapientísima y santísima providencia, con el fin para el cual fueron creadas, según su presciencia infalible, y el libre e inmutable consejo de su propia voluntad; para alabanza de la gloria de su sabiduría, poder, justicia, infinita bondad y misericordia.

2. Aunque en relación a la presciencia y el decreto de Dios, la causa primera, todas las cosas suceden inmutable e infaliblemente, de modo que nada ocurre a nadie por azar o sin su providencia; sin embargo, por la misma providencia, las ordena de manera que ocurran según la naturaleza de las causas secundarias, ya sea necesaria, libre o contingentemente.

3. Dios, en su providencia ordinaria, hace uso de medios; sin embargo, él es libre de obrar sin ellos, por encima de ellos y contra ellos, según le plazca.

4. El poder omnipotente, la sabiduría inescrutable y la bondad infinita de

Dios se manifiestan en su providencia hasta tal punto que su consejo determinado se extiende aun hasta la primera Caída y a todas las demás acciones pecaminosas, tanto de los ángeles como de los hombres (y eso no por un mero permiso), las cuales él sapientísima y poderosamente limita, y asimismo ordena y gobierna de múltiples maneras para sus santísimos fines; sin embargo, lo hace de tal modo que la pecaminosidad de sus acciones procede solo de las criaturas, y no de Dios, quien siendo justísimo y santísimo, no es, ni puede ser, autor del pecado ni lo aprueba.

5. El Dios sapientísimo, justísimo y clementísimo a menudo deja por algún tiempo a sus propios hijos en diversas tentaciones y en las corrupciones de sus propios corazones, a fin de disciplinarlos por sus pecados anteriores o para revelarles la fuerza oculta de la corrupción y el engaño de sus corazones, para que sean humillados; y para llevarlos a una dependencia de él más íntima y constante para su apoyo; y para hacerlos más vigilantes contra todas las ocasiones futuras de pecado, y para otros fines santos y justos. Por consiguiente, todo lo que ocurre a cualquiera de sus elegidos es por su designio, para su gloria y para el bien de ellos.

6. En cuanto a aquellos hombres malvados e impíos a quienes Dios, como juez justo, ciega y endurece a causa de su pecado anterior, no solo les niega su gracia, por la cual él podría haber iluminado su entendimiento y obrado en sus corazones, sino que también algunas veces les retira los dones que tenían, y los deja expuestos a aquellas cosas que su corrupción convierte en ocasión de pecado; y, a la vez, los entrega a sus propias concupiscencias, a las tentaciones del mundo y al poder de Satanás, por lo cual sucede que se endurecen bajo los mismos medios que Dios emplea para ablandar a otros.

7. Del mismo modo que la providencia de Dios alcanza en general a todas las criaturas, así también de un modo más especial cuida de su Iglesia y dispone todas las cosas para el bien de la misma.

VI. De la Caída del Hombre, del Pecado y su Castigo

1. Si bien Dios creó al hombre recto y perfecto, y le dio una ley justa, que hubiera sido para vida si la hubiera guardado, y amenazó con la muerte su transgresión, sin embargo no permaneció mucho tiempo en este honor, usando Satanás la sutileza de la serpiente para subyugar a Eva y entonces a través de ella seduciendo a Adán, quien sin ninguna coacción, deliberadamente transgredió la ley bajo la cual habían sido creados y también el mandato que les había sido dado, al comer del fruto prohibido, lo cual agradó a Dios, conforme a su sabio y santo consejo, permitir, habiéndose propuesto disponerlo para su propia gloria.

2. Por este pecado, nuestros primeros padres cayeron de su justicia original y de su comunión con Dios, y nosotros en ellos, por lo que la muerte sobrevino a todos; viniendo a estar todos los hombres muertos en pecado, y totalmente corrompidos en todas las facultades y partes del alma y del cuerpo.

3. Siendo ellos la raíz de la raza humana, y estando por designio de Dios en lugar de toda la humanidad, la culpa del pecado fue imputada y la naturaleza corrompida transmitida a su posteridad descendiente de ellos mediante generación ordinaria, siendo ahora concebidos en pecado, y por naturaleza hijos de ira, siervos del pecado, sujetos a la muerte y a todas las demás desgracias –espirituales, temporales y eternas–, a no ser que el Señor Jesús los libere.

4. De esta corrupción original, por la cual estamos completamente impedidos, incapaces y opuestos a todo bien y enteramente inclinados a todo mal, proceden todas las transgresiones en sí.

5. La corrupción de la naturaleza permanece durante esta vida en aquellos que son regenerados; y, aunque sea perdonada y mortificada por medio de Cristo, sin embargo ella misma y sus primeros impulsos son verdadera y propiamente pecado.

VII. Del Pacto de Dios

1. La distancia entre Dios y la criatura es tan grande que aun cuando las criaturas racionales le deben obediencia como a su Creador, sin embargo éstas nunca podrían haber logrado la recompensa de vida a no ser por alguna condescendencia voluntaria por parte de Dios, que a él le ha placido expresar en forma de pacto.

2. Además, habiéndose el hombre acarreado la maldición de la ley por su Caída, agradó al Señor hacer un pacto de gracia, en el que gratuitamente ofrece a los pecadores vida y salvación por Jesucristo, requiriéndoles la fe en él para que puedan ser salvos, y prometiendo dar su Espíritu Santo a todos aquellos que están ordenados para vida eterna, a fin de darles disposición y capacidad para creer.

3. Este pacto se revela en el evangelio; en primer lugar, a Adán en la promesa de salvación a través de la simiente de la mujer, y luego mediante pasos adicionales hasta completarse su plena revelación en el Nuevo Testamento; y está fundado en aquella transacción federal y eterna que hubo entre el Padre y el Hijo acerca de la redención de los elegidos; y es únicamente a través de la gracia de este pacto como todos los descendientes del Adán caído

que son salvados obtienen vida y bendita inmortalidad, siendo el hombre ahora totalmente incapaz de ser aceptado por Dios bajo aquellas condiciones en las que estuvo Adán en su estado de inocencia.

VIII. De Cristo el Mediador

1. Agradó a Dios, en su propósito eterno, escoger y ordenar al Señor Jesús, su unigénito Hijo, conforme al pacto hecho entre ambos, para que fuera el mediador entre Dios y el hombre; profeta, sacerdote, y rey; cabeza y salvador de la Iglesia, el heredero de todas las cosas, y juez del mundo; a quien dio, desde toda la eternidad, un pueblo para que fuera su simiente y para que a su tiempo lo redimiera, llamara, justificara, santificara y glorificara.

2. El Hijo de Dios, la segunda persona en la Santa Trinidad, siendo verdadero y eterno Dios, el resplandor de la gloria del Padre, consustancial con aquel que hizo el mundo e igual a él, y quien sostiene y gobierna todas las cosas que ha hecho, cuando llegó la plenitud del tiempo, tomó sobre sí la naturaleza del hombre, con todas sus propiedades esenciales y con sus debilidades concomitantes, aunque sin pecado; siendo concebido por el Espíritu Santo en el vientre de la Virgen María, al venir sobre ella el Espíritu Santo y cubrirla el Altísimo con su sombra; y así fue hecho de una mujer de la tribu de Judá, de la simiente de Abraham y David según las Escrituras; de manera que, dos naturalezas completas, perfectas y distintas se unieron inseparablemente en una persona, pero sin conversión, composición o confusión alguna. Esta persona es verdadero Dios y verdadero hombre, aunque un solo Cristo, el único mediador entre Dios y el hombre.

3. El Señor Jesús, en su naturaleza humana así unida a la divina, en la persona del Hijo, fue santificado y ungido con el Espíritu Santo sin medida, teniendo en sí todos los tesoros de la sabiduría y del conocimiento, en quien agradó al Padre que habitase toda plenitud, a fin de que siendo santo, inocente y sin mancha, y lleno de gracia y de verdad, fuese del todo apto para desempeñar el oficio de mediador y fiador; el cual no tomó para sí, sino que fue llamado para el mismo por su Padre, quien también puso en sus manos todo poder y juicio, y le ordenó que lo cumpliera.

4. El Señor Jesús asumió de muy buena voluntad este oficio, y para desempeñarlo, nació bajo la ley, la cumplió perfectamente y sufrió el castigo que nos correspondía a nosotros, el cual deberíamos haber llevado y sufrido, siendo hecho pecado y maldición por nosotros; soportando las más terribles aflicciones en su alma y los más dolorosos sufrimientos en su cuerpo; fue crucificado y murió, y permaneció en el estado de los muertos, aunque sin ver corrupción. Al tercer día resucitó de entre los muertos con el mismo cuerpo en que sufrió, con el cual también ascendió al cielo, y allí está

sentado a la diestra de su Padre intercediendo, y regresará para juzgar a los hombres y a los ángeles al final del mundo.

5. El Señor Jesús, por su perfecta obediencia y el sacrificio de sí mismo que ofreció a Dios una sola vez por el Espíritu eterno, ha satisfecho plenamente la justicia de Dios, ha conseguido la reconciliación y ha comprado una herencia eterna en el reino de los cielos para todos aquellos que el Padre le ha dado.

6. Aun cuando el precio de la redención no fue realmente pagado por Cristo hasta después de su encarnación, sin embargo la virtud, la eficacia y los beneficios de la misma fueron comunicados a los elegidos en todas las épocas transcurridas desde el principio del mundo, en las promesas, tipos y sacrificios y por medio de los mismos, en los cuales fue revelado y señalado como la simiente que heriría la cabeza de la serpiente, y como el Cordero inmolado desde la fundación del mundo, siendo el mismo ayer, hoy y por los siglos.

7. Cristo, en la obra de mediación, actúa conforme a ambas naturalezas, haciendo por medio de cada naturaleza lo que es propio de ella; aunque, por razón de la unidad de la persona, lo que es propio de una naturaleza algunas veces se le atribuye en la Escritura a la persona denominada por la otra naturaleza.

8. A todos aquellos para quienes Cristo ha obtenido eterna redención, cierta y eficazmente les aplica y comunica la misma, haciendo intercesión por ellos, uniéndoles a sí mismo por su Espíritu, revelándoles en la Palabra y por medio de ella el misterio de la salvación, persuadiéndoles a creer y obedecer, gobernando sus corazones por su Palabra y Espíritu, y venciendo a todos sus enemigos por su omnipotente poder y sabiduría, de tal manera y forma que sea más de acuerdo con su maravillosa e inescrutable dispensación; y todo por su gracia libre y absoluta, sin prever ninguna condición en ellos para granjearla.

9. Este oficio de mediador entre Dios y el hombre es propio solo de Cristo, quien es el Profeta, Sacerdote y Rey de la Iglesia de Dios; y no puede, ya sea parcial o totalmente, ser transferido de él a ningún otro.

10. Este número y orden de oficios es necesario; pues, por nuestra ignorancia, tenemos necesidad de su oficio profético; y por nuestra separación de Dios y la imperfección del mejor de nuestros servicios, necesitamos su oficio sacerdotal para reconciliarnos con Dios y presentarnos aceptos para con él; y por nuestra indisposición y total incapacidad para volver a Dios y para nuestro rescate y protección de nuestros adversarios espirituales, necesita-

mos su oficio real para convencernos, subyugarnos, atraernos, sostenernos, librarnos y preservarnos para su reino celestial.

IX. Del Libre Albedrío

1. Dios ha dotado la voluntad del hombre de una libertad natural y de poder para actuar por elección propia, que no es forzada ni determinada a hacer bien o mal por ninguna necesidad de la naturaleza.

2. El hombre, en su estado de inocencia, tenía libertad y poder para querer y hacer lo que era bueno y agradable a Dios, pero era mudable y podía caer de dicho estado.

3. El hombre, por su Caída en un estado de pecado, ha perdido completamente toda capacidad para querer cualquier bien espiritual que acompañe a la salvación; por consiguiente, como hombre natural que está enteramente opuesto a ese bien y muerto en el pecado, no puede por sus propias fuerzas convertirse a sí mismo o prepararse para ello.

4. Cuando Dios convierte a un pecador y lo traslada al estado de gracia, lo libra de su servidumbre natural bajo el pecado y, por su sola gracia, lo capacita para querer y obrar libremente lo que es espiritualmente bueno; sin embargo, por razón de la corrupción que todavía le queda, no quiere, ni perfecta ni únicamente, lo que es bueno, sino que también quiere lo que es malo.

5. Esta voluntad del hombre es hecha perfecta e inmutablemente libre solo para el bien, únicamente en el estado de gloria.

X. Del Llamamiento Eficaz

1. A aquellos a quienes Dios ha predestinado para vida, tiene a bien en su tiempo señalado y aceptado, llamar eficazmente por su Palabra y Espíritu, así sacándolos del estado de pecado y muerte en que están por naturaleza y llevándolos a la gracia y la salvación por Jesucristo; iluminando de modo espiritual y salvador sus mentes, a fin de que comprendan las cosas de Dios; quitándoles el corazón de piedra y dándoles un corazón de carne, renovando sus voluntades y, por su poder omnipotente, induciéndoles a lo que es bueno, y llevándoles eficazmente a Jesucristo; pero de modo que van con total libertad, habiendo recibido por la gracia de Dios la disposición para hacerlo.

2. Este llamamiento eficaz proviene solamente de la gracia libre y especial de Dios, no de ninguna cosa prevista en el hombre, ni por ningún poder o

instrumentalidad en la criatura, siendo el hombre en esto enteramente pasivo, al estar muerto en delitos y pecados, hasta que es vivificado y renovado por el Espíritu Santo; es capacitado de este modo para responder a este llamamiento y para recibir la gracia ofrecida y transmitida en él, y esto por un poder no menor que el que resucitó a Cristo de los muertos.

3. Los niños elegidos que mueren en la infancia son regenerados y salvados por Cristo por medio del Espíritu, quien obra cuando, donde y como quiere; así lo son también todas las personas elegidas que sean incapaces de ser llamadas externamente por el ministerio de la Palabra.

4. Otras personas no elegidas, aunque sean llamadas por el ministerio de la Palabra y tengan algunas de las operaciones comunes del Espíritu, como no son eficazmente traídas por el Padre, no quieren ni pueden venir verdaderamente a Cristo y, por lo tanto, no pueden ser salvas; mucho menos pueden ser salvos los que no reciben la religión cristiana, por muy diligentes que sean en ajustar sus vidas a la luz de la naturaleza y a la ley de la religión que profesen.

XI. De la Justificación

1. A quienes Dios llama eficazmente, también justifica gratuitamente, no infundiendo justicia en ellos sino perdonándoles sus pecados, y contando y aceptando sus personas como justas; no por nada obrado en ellos o hecho por ellos, sino solamente por causa de Cristo; no imputándoles la fe misma, ni la acción de creer, ni ninguna otra obediencia evangélica como justicia; sino imputándoles la obediencia activa de Cristo a toda la ley y su obediencia pasiva en su muerte para la completa y única justicia de ellos por la fe, la cual tienen no de sí mismos; es don de Dios.

2. La fe que así recibe a Cristo y descansa en él y en su justicia es el único instrumento de la justificación; sin embargo, no está sola en la persona justificada, sino que siempre va acompañada por todas las demás virtudes salvadoras, y no es una fe muerta sino que obra por el amor.

3. Cristo, por su obediencia y muerte, saldó totalmente la deuda de todos aquellos que son justificados; y por el sacrificio de sí mismo en la sangre de su cruz, sufriendo en el lugar de ellos el castigo que merecían, hizo una satisfacción adecuada, real y completa a la justicia de Dios en favor de ellos; sin embargo, por cuanto Cristo fue dado por el Padre para ellos, y su obediencia y satisfacción fueron aceptadas en lugar de las de ellos, y ambas gratuitamente y no por nada en ellos, su justificación es solamente de pura gracia, a fin de que tanto la precisa justicia como la rica gracia de Dios fueran glorificadas en la justificación de los pecadores.

4. Desde la eternidad, Dios decretó justificar a todos los elegidos; y en el cumplimiento del tiempo, Cristo murió por los pecados de ellos, y resucitó para su justificación; sin embargo, no son justificados personalmente hasta que, a su debido tiempo, Cristo les es realmente aplicado por el Espíritu Santo.

5. Dios continúa perdonando los pecados de aquellos que son justificados, y aunque ellos nunca pueden caer del estado de justificación, sin embargo pueden, por sus pecados, caer en el desagrado paternal de Dios; y, en esa condición, no suelen tener la luz de su rostro restaurada sobre ellos, hasta que se humillen, confiesen sus pecados, pidan perdón y renueven su fe y arrepentimiento.

6. La justificación de los creyentes bajo el Antiguo Testamento fue, en todos estos sentidos, una y la misma que la justificación de los creyentes bajo el Nuevo Testamento.

XII. De la Adopción

1. A todos aquellos que son justificados, Dios se dignó, en su único Hijo Jesucristo y por amor de éste, hacerles partícipes de la gracia de la adopción, por la cual son incluidos en el número de los hijos de Dios y gozan de sus libertades y privilegios, tienen su nombre escrito sobre ellos, reciben el espíritu de adopción, tienen acceso al trono de la gracia con confianza, se les capacita para clamar: "Abba, Padre," se les compadece, protege, provee y corrige como por un Padre, pero nunca se les desecha, sino que son sellados para el día de la redención, y heredan las promesas como herederos de la salvación eterna.

XIII. De la Santificación

1. Aquellos que son unidos a Cristo, llamados eficazmente y regenerados, teniendo un nuevo corazón y un nuevo espíritu, creados en ellos en virtud de la muerte y la resurrección de Cristo, son aún más santificados de un modo real y personal, mediante la misma virtud, por su Palabra y Espíritu que moran en ellos; el dominio del cuerpo entero del pecado es destruido, y las diversas concupiscencias del mismo son debilitadas y mortificadas más y más, y ellos son más y más vivificados y fortalecidos en todas las virtudes salvadoras, para la práctica de toda verdadera santidad, sin la cual nadie verá al Señor.

2. Esta santificación se efectúa en todo el hombre, aunque es incompleta en esta vida; todavía quedan algunos remanentes de corrupción en todas partes, de donde surge una continua e irreconciliable guerra: la carne lucha

contra el Espíritu, y el Espíritu contra la carne.

3. En dicha guerra, aunque la corrupción que aún queda prevalezca mucho por algún tiempo, la parte regenerada triunfa a través de la continua provisión de fuerzas por parte del Espíritu santificador de Cristo; y así los santos crecen en la gracia, perfeccionando la santidad en el temor de Dios, prosiguiendo una vida celestial, en obediencia evangélica a todos los mandatos que Cristo, como Cabeza y Rey, les ha prescrito en su Palabra.

XIV. De la Fe Salvadora

1. La gracia de la fe, por la cual se capacita a los elegidos para creer para la salvación de sus almas, es la obra del Espíritu de Cristo en sus corazones, y ordinariamente se realiza por el ministerio de la Palabra; por la cual, y por la administración del bautismo y la Cena del Señor, la oración y otros medios designados por Dios, esa fe aumenta y se fortalece.

2. Por esta fe, el cristiano cree que es verdadero todo lo revelado en la Palabra por la autoridad de Dios mismo, y también percibe en ella una excelencia superior a todos los demás escritos y todas las cosas en el mundo, pues muestra la gloria de Dios en sus atributos, la excelencia de Cristo en su naturaleza y oficios, y el poder y la plenitud del Espíritu Santo en sus obras y operaciones; y de esta forma, el cristiano es capacitado para confiar su alma a la verdad así creída; y también actúa de manera diferente según sea el contenido de cada pasaje en particular: produciendo obediencia a los mandatos, temblando ante las amenazas, y abrazando las promesas de Dios para esta vida y para la venidera; pero las principales acciones de la fe salvadora tienen que ver directamente con Cristo: aceptarle, recibirle y descansar solo en él para la justificación, santificación y vida eterna, en virtud del pacto de gracia.

3. Esta fe, aunque sea diferente en grados y pueda ser débil o fuerte, es, sin embargo, aun en su grado mínimo, diferente en su clase y naturaleza (como lo es toda otra gracia salvadora) de la fe y la gracia común de aquellos creyentes que solo lo son por un tiempo; y consecuentemente, aunque muchas veces sea atacada y debilitada, resulta, sin embargo, victoriosa, creciendo en muchos hasta obtener la completa seguridad a través de Cristo, quien es tanto el autor como el consumador de nuestra fe.

XV. Del Arrepentimiento para Vida y Salvación

1. A aquellos de los elegidos que se convierten en la madurez, habiendo vivido por algún tiempo en el estado natural, y habiendo servido en el mismo a diversas concupiscencias y placeres, Dios, al llamarlos eficazmente, les da

arrepentimiento para vida.

2. Si bien no hay nadie que haga el bien y no peque, y los mejores hombres, mediante el poder y el engaño de la corrupción que habita en ellos, junto con el predominio de la tentación, pueden caer en grandes pecados y provocaciones, Dios, en el pacto de gracia, ha provisto misericordiosamente que los creyentes que pequen y caigan de esta manera sean renovados mediante el arrepentimiento para salvación.

3. Este arrepentimiento para salvación es una gracia evangélica por la cual una persona a quien el Espíritu hace consciente de las múltiples maldades de su pecado, mediante la fe en Cristo se humilla por él con una tristeza que es según Dios, abominación de él y aborrecimiento de sí mismo, orando por el perdón y las fuerzas que proceden de la gracia, con el propósito y empeño, mediante la provisión del Espíritu, de andar delante de Dios para agradarle en todo.

4. Puesto que el arrepentimiento ha de continuar a lo largo de toda nuestra vida, debido al cuerpo de muerte y sus inclinaciones, es por tanto el deber de cada hombre arrepentirse específicamente de los pecados concretos que conozca.

5. Tal es la provisión que Dios ha hecho a través de Cristo en el pacto de gracia para la preservación de los creyentes para salvación que, si bien no hay pecado tan pequeño que no merezca la condenación, no hay, sin embargo, pecado tan grande que acarree condenación a aquellos que se arrepienten, lo cual hace necesaria la predicación constante del arrepentimiento.

XVI. De las Buenas Obras

1. Las buenas obras son solamente aquellas que Dios ha ordenado en su santa Palabra y no las que, sin la autoridad de esta, han inventado los hombres por un fervor ciego o con cualquier pretexto de buenas intenciones.

2. Estas buenas obras, hechas en obediencia a los mandamientos de Dios, son los frutos y evidencias de una fe verdadera y viva; y por ellas los creyentes manifiestan su gratitud, fortalecen su seguridad, edifican a sus hermanos, adornan la profesión del evangelio, tapan la boca de los adversarios, y glorifican a Dios, cuya hechura son, creados en Cristo Jesús para ello, para que teniendo por fruto la santificación, tengan como fin la vida eterna.

3. La capacidad que tienen los creyentes para hacer buenas obras no es de ellos mismos en ninguna manera, sino completamente del Espíritu de Cristo. Y para que ellos puedan tener esta capacidad, además de las virtu-

des que ya han recibido, se necesita una influencia efectiva del mismo Espíritu Santo para obrar en ellos tanto el querer como el hacer por su buena voluntad; sin embargo, no deben volverse negligentes por ello, como si no estuviesen obligados a cumplir deber alguno aparte de un impulso especial del Espíritu, sino que deben ser diligentes en avivar la gracia de Dios que está en ellos.

4. Quienes alcancen el mayor grado de obediencia posible en esta vida quedan tan lejos de llegar a un grado supererogatorio, y de hacer más de lo que Dios requiere, que les falta mucho de lo que por deber están obligados a hacer.

5. Nosotros no podemos, por nuestras mejores obras, merecer el perdón del pecado o la vida eterna de la mano de Dios, a causa de la gran desproporción que existe entre nuestras obras y la gloria que ha de venir, y por la distancia infinita que hay entre nosotros y Dios, a quien no podemos beneficiar por dichas obras, ni satisfacer la deuda de nuestros pecados anteriores; pero cuando hemos hecho todo lo que podemos, no hemos sino cumplido con nuestro deber y somos siervos inútiles; y tanto en cuanto son buenas proceden de su Espíritu; y en cuanto son hechas por nosotros, son impuras y están mezcladas con tanta debilidad e imperfección que no pueden soportar la severidad del castigo de Dios.

6. No obstante, por ser aceptadas las personas de los creyentes por medio de Cristo, sus buenas obras también son aceptadas en él; no como si fueran en esta vida enteramente irreprochables e irreprensibles a los ojos de Dios; sino que a él, mirándolas en su Hijo, le place aceptar y recompensar aquello que es sincero aun cuando esté acompañado de muchas debilidades e imperfecciones.

7. Las obras hechas por hombres no regenerados, aunque en sí mismas sean cosas que Dios ordena, y de utilidad tanto para ellos como para otros, sin embargo, por no proceder de un corazón purificado por la fe y no ser hechas de una manera correcta de acuerdo con la Palabra, ni para un fin correcto (la gloria de Dios), son, por tanto, pecaminosas, y no pueden agradar a Dios ni hacer a un hombre digno de recibir gracia por parte de Dios. Y a pesar de esto, el hecho de que descuiden las buenas obras es más pecaminoso y desagradable a Dios.

XVII. De la Perseverancia de los Santos

1. Aquellos a quienes Dios ha aceptado en el Amado, y ha llamado eficazmente y santificado por su Espíritu, y a quienes ha dado la preciosa fe de sus elegidos, no pueden caer ni total ni definitivamente del estado de

gracia, sino que ciertamente perseverarán en él hasta el fin, y serán salvos por toda la eternidad, puesto que los dones y el llamamiento de Dios son irrevocables, por lo que él continúa engendrando y nutriendo en ellos la fe, el arrepentimiento, el amor, el gozo, la esperanza y todas las virtudes del Espíritu para inmortalidad; y aunque surjan y les azoten muchas tormentas e inundaciones, nunca podrán, sin embargo, arrancarles del fundamento y la roca a que por la fe están aferrados; a pesar de que, por medio de la incredulidad y las tentaciones de Satanás, la visión perceptible de la luz y el amor de Dios puede nublárseles y oscurecérseles por un tiempo, él, sin embargo, es aún el mismo, y ellos serán guardados, sin duda alguna, por el poder de Dios para salvación, en la que gozarán de su posesión adquirida, al estar ellos esculpidos en las palmas de sus manos y sus nombres escritos en el libro de la vida desde toda la eternidad.

2. Esta perseverancia de los santos depende no de su propio libre albedrío, sino de la inmutabilidad del decreto de elección, que fluye del amor libre e inmutable de Dios el Padre, sobre la base de la eficacia de los méritos y la intercesión de Jesucristo y la unión con él, del juramento de Dios, de la morada de su Espíritu, de la simiente de Dios que está en los santos, y de la naturaleza del pacto de gracia, de todo lo cual surgen también la certeza y la infalibilidad de la perseverancia.

3. Y aunque los santos (mediante la tentación de Satanás y del mundo, el predominio de la corrupción que queda en ellos y el descuido de los medios para su preservación) caigan en pecados graves y por algún tiempo permanezcan en ellos (por lo que incurren en el desagrado de Dios y entristecen a su Espíritu Santo, se les dañan sus virtudes y consuelos, se les endurece el corazón y se les hiere la conciencia, lastiman y escandalizan a otros, y se acarrean juicios temporales), sin embargo, renovarán su arrepentimiento y serán preservados hasta el fin mediante la fe en Cristo Jesús.

XVIII. De la Seguridad de la Gracia y de la Salvación

1. Aunque los creyentes que lo son por un tiempo y otras personas no regeneradas vanamente se engañen a sí mismos con esperanzas falsas y presunciones carnales de hallarse en el favor de Dios y en estado de salvación (pero la esperanza de ellos perecerá), sin embargo, los que creen verdaderamente en el Señor Jesús y le aman con sinceridad, esforzándose por andar con toda buena conciencia delante de él, pueden en esta vida estar absolutamente seguros de hallarse en el estado de gracia, y pueden regocijarse en la esperanza de la gloria de Dios; y tal esperanza nunca les avergonzará.

2. Esta certeza no es una mera persuasión conjetural y probable, fundada en una esperanza falible, sino que es una seguridad infalible de fe basada en la

sangre y la justicia de Cristo reveladas en el evangelio; y también en la evidencia interna de aquellas virtudes del Espíritu a las cuales se les hacen promesas, y en el testimonio del Espíritu de adopción testificando con nuestro espíritu que somos hijos de Dios; y, como fruto suyo, mantiene el corazón humilde y santo.

3. Esta seguridad infalible no pertenece a la esencia de la fe hasta tal punto que un verdadero creyente no pueda esperar mucho tiempo y luchar con muchas dificultades antes de ser partícipe de tal seguridad; sin embargo, siendo capacitado por el Espíritu para conocer las cosas que le son dadas gratuitamente por Dios, puede alcanzarla, sin una revelación extraordinaria, por el uso adecuado de los medios; y por eso es el deber de cada uno ser diligente para hacer firme su llamamiento y elección; para que así su corazón se ensanche en la paz y en el gozo en el Espíritu Santo, en amor y gratitud a Dios, y en fuerza y alegría en los deberes de la obediencia, que son los frutos propios de esta seguridad: así está de lejos esta seguridad de inducir a los hombres a la disolución.

4. La seguridad de la salvación de los verdaderos creyentes puede ser, de diversas maneras, zarandeada, disminuida e interrumpida; como por la negligencia en conservarla, por caer en algún pecado especial que hiera la conciencia y contriste al Espíritu, por alguna tentación repentina o vehemente, por retirarles Dios la luz de su rostro, permitiendo, aun a los que le temen, que caminen en tinieblas, y no tengan luz; sin embargo, nunca quedan destituidos de la simiente de Dios, y de la vida de fe, de aquel amor de Cristo y de los hermanos, de aquella sinceridad de corazón y conciencia del deber, por los cuales, mediante la operación del Espíritu, esta seguridad puede ser revivida con el tiempo; y por los cuales, mientras tanto, los verdaderos creyentes son preservados de caer en total desesperación.

XIX. De la Ley de Dios

1. Dios dio a Adán una ley de obediencia universal escrita en su corazón, y un precepto en particular de no comer del fruto del árbol del conocimiento del bien y del mal; por lo cual le obligó a él y a toda su posteridad a una obediencia personal completa, exacta y perpetua; prometió la vida por su cumplimiento de la ley, y amenazó con la muerte su infracción; y le dotó también del poder y la capacidad para guardarla.

2. La misma ley que primeramente fue escrita en el corazón del hombre continuó siendo una regla perfecta de justicia después de la Caída; y fue dada por Dios en el monte Sinaí, en diez mandamientos, y escrita en dos tablas; los cuatro primeros mandamientos contienen nuestros deberes para con Dios, y los otros seis, nuestros deberes para con los hombres.

3. Además de esta ley, comúnmente llamada ley moral, agradó a Dios dar al pueblo de Israel leyes ceremoniales que contenían varias ordenanzas típicas; en parte de adoración, prefigurando a Cristo, sus virtudes, acciones, sufrimientos y beneficios; y en parte proponiendo diversas instrucciones sobre los deberes morales. Todas aquellas leyes ceremoniales, habiendo sido prescritas solamente hasta el tiempo de reformar las cosas, han sido abrogadas y quitadas por Jesucristo, el verdadero Mesías y único legislador, quien fue investido con poder por parte del Padre para ese fin.

4. Dios también les dio a los israelitas diversas leyes civiles, que expiraron juntamente con el Estado de aquel pueblo, no obligando ahora a ningún otro en virtud de aquella institución; solamente sus principios de equidad son utilizables en la actualidad.

5. La ley moral obliga para siempre a todos, tanto a los justificados como a los demás, a que se la obedezca; y esto no solo en consideración a su contenido, sino también con respecto a la autoridad de Dios, el Creador, quien la dio. Tampoco Cristo, en el evangelio, en ninguna manera cancela esta obligación sino que la refuerza considerablemente.

6. Aunque los verdaderos creyentes no están bajo la ley como pacto de obras para ser por ella justificados o condenados, sin embargo esta es de gran utilidad tanto para ellos como para otros, en que como regla de vida les informa de la voluntad de Dios y de sus deberes, les dirige y obliga a andar en conformidad con ella, les revela también la pecaminosa contaminación de sus naturalezas, corazones y vidas; de tal manera que, al examinarse a la luz de ella, puedan llegar a una convicción más profunda de su pecado, a sentir humillación por él y odio contra él; junto con una visión más clara de la necesidad que tienen de Cristo, y de la perfección de su obediencia. También la ley moral es útil para los regenerados a fin de restringir su corrupción, en cuanto que prohíbe el pecado; y sus amenazas sirven para mostrar lo que aun sus pecados merecen, y qué aflicciones pueden esperar por ellos en esta vida, aun cuando estén libres de la maldición y el puro rigor de la ley. Asimismo sus promesas manifiestan a los regenerados que Dios aprueba la obediencia y cuáles son las bendiciones que pueden esperar por el cumplimiento de la misma, aunque no como si la ley se lo debiera como pacto de obras; de manera que si alguien hace lo bueno y se abstiene de hacer lo malo porque la ley le manda lo uno y le prohíbe lo otro, no por ello se demuestra que esté bajo la ley y no bajo la gracia.

7. Los usos de la ley ya mencionados tampoco son contrarios a la gracia del evangelio, sino que concuerdan armoniosamente con él; pues el Espíritu de Cristo subyuga y capacita la voluntad del hombre para que haga libre y alegremente lo que requiere la voluntad de Dios, revelada en la ley.

XX. Del Evangelio y del Alcance de su Gracia

1. Habiendo sido quebrantado el pacto de obras por el pecado y habiéndose vuelto inútil para dar vida, agradó a Dios dar la promesa de Cristo, la simiente de la mujer, como el medio para llamar a los elegidos, y engendrar en ellos la fe y el arrepentimiento. En esta promesa, el evangelio, en cuanto a su sustancia, fue revelado, y es en ella eficaz para la conversión y salvación de los pecadores.

2. Esta promesa de Cristo, y la salvación por medio de él, es revelada solamente por la Palabra de Dios. Tampoco las obras de la creación o la providencia, con la luz de la naturaleza, revelan a Cristo, o la gracia que es por medio de él, ni siquiera en forma general u oscura; mucho menos hacen que los hombres destituidos de la revelación de él por la promesa, o evangelio, sean capacitados así para alcanzar la fe salvadora o el arrepentimiento.

3. La revelación del evangelio a los pecadores (hecha en diversos tiempos y distintas partes, con la adición de promesas y preceptos para la obediencia requerida en aquél, en cuanto a las naciones y personas a quienes es concedido), es meramente por la voluntad soberana y el beneplácito de Dios; no apropiándosela en virtud de promesa alguna referida al buen uso de las capacidades naturales de los hombres, ni en virtud de la luz común recibida aparte de él, lo cual nadie hizo jamás ni puede hacer. Por tanto, en todas las épocas, la predicación del evangelio ha sido concedida a personas y naciones, en cuanto a su extensión o restricción, con gran variedad, según el consejo de la voluntad de Dios.

4. Aunque el evangelio es el único medio externo para revelar a Cristo y la gracia salvadora, y es, como tal, completamente suficiente para este fin, sin embargo, para que los hombres que están muertos en sus delitos puedan nacer de nuevo, ser vivificados o regenerados, es además necesaria una obra eficaz e invencible del Espíritu Santo en toda el alma, con el fin de producir en ellos una nueva vida espiritual; sin esta, ningún otro medio puede efectuar su conversión a Dios.

XXI. De la Libertad Cristiana y de la Libertad de Conciencia

1. La libertad que Cristo ha comprado para los creyentes bajo el evangelio consiste en su libertad de la culpa del pecado, de la ira condenatoria de Dios y de la severidad y maldición de la ley, y en ser librados de este presente siglo malo, de la servidumbre de Satanás y del dominio del pecado, del mal de las aflicciones, del temor y aguijón de la muerte, de la victoria del sepulcro y de la condenación eterna, y también consiste en su libre acceso a

Dios, y en rendirle obediencia a él, no por temor servil, sino con un amor filial y una mente dispuesta. Todo esto era sustancialmente común también a los creyentes bajo la ley; pero bajo el Nuevo Testamento la libertad de los cristianos se ensancha mucho más porque están libres del yugo de la ley ceremonial a que estaba sujeta la Iglesia judaica, y tienen ahora mayor confianza para acercarse al trono de gracia, y experiencias más plenas del libre Espíritu de Dios que aquellas de las que participaron generalmente los creyentes bajo la ley.

2. Solo Dios es el Señor de la conciencia, y la ha hecho libre de las doctrinas y los mandamientos de los hombres que estén, de alguna manera, en contra de su Palabra o que no estén contenidos en esta.2 Así que, creer tales doctrinas u obedecer tales mandamientos por causa de la conciencia es traicionar la verdadera libertad de conciencia, y el requerir una fe implícita y una obediencia ciega y absoluta es destruir la libertad de conciencia y también la razón.

3. Aquellos que bajo el pretexto de la libertad cristiana practican cualquier pecado o abrigan cualquier concupiscencia, al pervertir así el propósito principal de la gracia del evangelio para su propia destrucción, destruyen completamente, por tanto, el propósito de la libertad cristiana, que consiste en que, siendo librados de las manos de todos nuestros enemigos, sirvamos al Señor sin temor, en santidad y justicia delante de él, todos los días de nuestra vida.

XXII. De la Adoración Religiosa y del Día de Reposo

1. La luz de la naturaleza muestra que hay un Dios, que tiene señorío y soberanía sobre todo; es justo, bueno y hace bien a todos; y que, por tanto, debe ser temido, amado, alabado, invocado, creído, y servido con toda el alma, con todo el corazón y con todas las fuerzas. Pero el modo aceptable de adorar al verdadero Dios está instituido por él mismo, y está de tal manera limitado por su propia voluntad revelada que no se debe adorar a Dios conforme a las imaginaciones e invenciones de los hombres o a las sugerencias de Satanás, ni bajo ninguna representación visible ni en ningún otro modo no prescrito en las Santas Escrituras.

2. La adoración religiosa ha de tributarse a Dios Padre, Hijo y Espíritu Santo, y a él solamente; no a los ángeles, ni a los santos, ni a ninguna otra criatura; y desde la Caída, no sin un mediador; ni por la mediación de ningún otro, sino solamente de Cristo.

3. Siendo la oración, con acción de gracias, una parte de la adoración natural, la exige Dios de todos los hombres. Pero para que pueda ser aceptada, debe

hacerse en el nombre del Hijo, con la ayuda del Espíritu, conforme a su voluntad, con entendimiento, reverencia, humildad, fervor, fe, amor y perseverancia; y cuando se hace con otros, en una lengua conocida.

4. La oración ha de hacerse por cosas lícitas, y a favor de toda clase de personas vivas, o que vivirán más adelante; pero no a favor de los muertos ni de aquellos de quienes se pueda saber que han cometido el pecado de muerte.

5. La lectura de las Escrituras, la predicación y la audición de la Palabra de Dios, la instrucción y la amonestación los unos a los otros por medio de salmos, himnos y cantos espirituales, el cantar con gracia en el corazón al Señor, como también la administración del bautismo y la Cena del Señor: todas estas cosas son parte de la adoración religiosa a Dios que ha de realizarse en obediencia a él, con entendimiento, fe, reverencia y temor piadoso; además, la humillación solemne, con ayunos, y las acciones de gracias en ocasiones especiales, han de usarse de una manera santa y piadosa.

6. Ahora, bajo el evangelio, ni la oración ni ninguna otra parte de la adoración religiosa están limitadas a un lugar, ni son más aceptables por el lugar en que se realizan, o hacia el cual se dirigen; sino que Dios ha de ser adorado en todas partes en espíritu y en verdad; tanto en cada familia en particular diariamente, como cada uno en secreto por sí solo; así como de una manera más solemne en las reuniones públicas, las cuales no han de descuidarse ni abandonarse voluntariamente o por negligencia, cuando Dios por su Palabra o providencia nos llama a ellas.

7. Así como es la ley de la naturaleza que, en general, una proporción de tiempo, por designio de Dios se dedique a la adoración de Dios, así en su Palabra, por un mandamiento positivo, moral y perpetuo que obliga a todos los hombres en todas las épocas, Dios ha señalado particularmente un día de cada siete como día de reposo, para que sea guardado santo para él; el cual desde el principio del mundo hasta la resurrección de Cristo fue el último día de la semana y desde la resurrección de Cristo fue cambiado al primer día de la semana, que es llamado el Día del Señor y debe ser perpetuado hasta el fin del mundo como el día de reposo cristiano, siendo abolida la observancia del último día de la semana.

8. El día de reposo se guarda santo para el Señor cuando los hombres, después de la debida preparación de su corazón y arreglados de antemano todos sus asuntos cotidianos, no solamente observan un santo descanso durante todo el día de sus propias labores, palabras y pensamientos acerca de sus ocupaciones y diversiones seculares; sino que también se dedican todo el tiempo al ejercicio público y privado de la adoración de Dios, y a los deberes de necesidad y de misericordia.

XXIII. De los Juramentos y Votos Lícitos

1. Un juramento lícito es una parte de la adoración religiosa en la cual la persona que jura con verdad, justicia y juicio, solemnemente pone a Dios como testigo de lo que jura, y para que le juzgue conforme a la verdad o la falsedad de lo que jura.

2. Solo por el nombre de Dios deben jurar los hombres, y al hacerlo han de usarlo con todo temor santo y reverencia. Por lo tanto, jurar vana o temerariamente por este nombre glorioso y temible, o simplemente el jurar por cualquier otra cosa, es pecaminoso y debe aborrecerse. Sin embargo, como en asuntos de peso y de importancia, para confirmación de la verdad y para poner fin a toda contienda, un juramento está justificado por la Palabra de Dios, por eso, cuando una autoridad legítima exija un juramento lícito para tales asuntos, este juramento debe hacerse.

3. Todo aquel que haga un juramento justificado por la Palabra de Dios debe considerar seriamente la gravedad de un acto tan solemne, y no afirmar en el mismo nada sino lo que sepa que es verdad, porque por juramentos temerarios, falsos y vanos se provoca al Señor y por razón de ello la tierra se enluta.

4. Un juramento debe hacerse en el sentido claro y común de las palabras, sin equívocos o reservas mentales.

5. Un voto (que no ha de hacerse a ninguna criatura, sino solo a Dios) ha de hacerse y cumplirse con todo cuidado piadoso y fidelidad; pero los votos monásticos papistas de celibato perpetuo, pretendida pobreza y obediencia a las reglas eclesiásticas, distan tanto de ser grados de perfección superior que son más bien trampas supersticiosas y pecaminosas en las que ningún cristiano debe enredarse.

XXIV. De las Autoridades Civiles

1. Dios, el supremo Señor y Rey del mundo entero, ha instituido autoridades civiles para estarle sujetas y gobernar al pueblo para la gloria de Dios y el bien público; y con este fin, les ha provisto con el poder de la espada, para la defensa y el ánimo de los que hacen lo bueno, y para el castigo de los malhechores.

2. Es lícito para los cristianos aceptar cargos dentro de la autoridad civil cuando sean llamados para ello; en el desempeño de dichos cargos deben mantener especialmente la justicia y la paz, según las buenas leyes de cada reino y Estado; y así, con este propósito, ahora bajo el Nuevo Testamento,

pueden hacer lícitamente la guerra en ocasiones justas y necesarias.

3. Habiendo sido instituidas por Dios las autoridades civiles con los fines ya mencionados, se les debe rendir sujeción en el Señor en todas las cosas lícitas que manden, no solo por causa de la ira sino también de la conciencia; y debemos ofrecer súplicas y oraciones a favor de los reyes y de todos los que están en autoridad, para que bajo su gobierno podamos vivir una vida tranquila y sosegada en toda piedad y honestidad.

XXV. Del Matrimonio

1. El matrimonio ha de ser entre un hombre y una mujer; no es lícito para ningún hombre tener más de una esposa, ni para ninguna mujer tener más de un marido.

2. El matrimonio fue instituido para la mutua ayuda de esposo y esposa; para multiplicar el género humano por medio de una descendencia legítima y para evitar la impureza.

3. Pueden casarse lícitamente toda clase de personas capaces de dar su consentimiento en su sano juicio; sin embargo, es deber de los cristianos casarse en el Señor. Y, por tanto, los que profesan la verdadera fe no deben casarse con incrédulos o idólatras; ni deben los que son piadosos unirse en yugo desigual, casándose con los que sean malvados en sus vidas o que sostengan herejías condenables.

4. El matrimonio no debe contraerse dentro de los grados de consanguinidad o afinidad prohibidos en la Palabra, ni pueden tales matrimonios incestuosos legalizarse jamás por ninguna ley humana, ni por el consentimiento de las partes, de tal manera que esas personas puedan vivir juntas como marido y mujer.

XXVI. De la Iglesia

1. La Iglesia católica o universal, que (con respecto a la obra interna del Espíritu y la verdad de la gracia) puede llamarse invisible, se compone del número completo de los elegidos que han sido, son o serán reunidos en uno bajo Cristo, su cabeza; y es la esposa, el cuerpo, la plenitud de aquel que llena todo en todos.

2. Todas las personas en todo el mundo que profesan la fe del evangelio y obediencia a Dios por Cristo conforme al mismo, que no destruyan su propia profesión mediante errores fundamentales o conductas impías, son y pueden ser llamados santos visibles; y de tales personas todas las congre-

gaciones locales deben estar compuestas.

3. Las iglesias más puras bajo el cielo están sujetas a la impureza y al error, y algunas han degenerado tanto que han llegado a ser no iglesias de Cristo sino sinagogas de Satanás. Sin embargo, Cristo siempre ha tenido y siempre tendrá un reino en este mundo, hasta el fin del mismo, compuesto de aquellos que creen en él y profesan su nombre.

4. La Cabeza de la Iglesia es el Señor Jesucristo, en quien, por el designio del Padre, todo el poder requerido para el llamamiento, el establecimiento, el orden o el gobierno de la Iglesia, está suprema y soberanamente investido. No puede el papa de Roma ser cabeza de ella en ningún sentido, sino que él es aquel anticristo, aquel hombre de pecado e hijo de perdición, que se ensalza en la Iglesia contra Cristo y contra todo lo que se llama Dios, a quien el Señor destruirá con el resplandor de su venida.

5. En el ejercicio de este poder que le ha sido confiado, el Señor Jesús, a través del ministerio de su Palabra y por su Espíritu, llama a sí mismo del mundo a aquellos que le han sido dados por su Padre para que anden delante de él en todos los caminos de la obediencia que él les prescribe en su Palabra. A los así llamados, él les ordena andar juntos en congregaciones concretas, o iglesias, para su edificación mutua y la debida observancia del culto público, que él requiere de ellos en el mundo.

6. Los miembros de estas iglesias son santos por su llamamiento, y en una forma visible manifiestan y evidencian (por su profesión de fe y su conducta) su obediencia al llamamiento de Cristo; y voluntariamente acuerdan andar juntos, conforme al designio de Cristo, dándose a sí mismos al Señor y mutuamente, por la voluntad de Dios, profesando sujeción a los preceptos del evangelio.

7. A cada una de estas iglesias así reunidas, el Señor, conforme a su mente declarada en su Palabra, ha dado todo el poder y autoridad en cualquier sentido necesarios para realizar ese orden en la adoración y en la disciplina que él ha instituido para que lo guarden; juntamente con mandatos y reglas para el ejercicio propio y correcto y la ejecución del mencionado poder.

8. Una iglesia local, reunida y completamente organizada de acuerdo a la mente de Cristo, está compuesta por oficiales y miembros; y los oficiales designados por Cristo para ser escogidos y apartados por la iglesia (así llamada y reunida), para la particular administración de las ordenanzas y el ejercicio del poder o el deber, que él les confía o al que les llama, para que continúen hasta el fin del mundo, son los obispos o ancianos, y los diáconos.

9. La manera designada por Cristo para el llamamiento de cualquier persona que ha sido cualificada y dotada por el Espíritu Santo para el oficio de obispo o anciano en una iglesia, es que sea escogido para el mismo por común sufragio de la iglesia misma, y solemnemente apartado mediante ayuno y oración con la imposición de manos de los ancianos de la iglesia, si es que hay algunos constituidos anteriormente en ella; y para un diácono, que sea escogido por el mismo sufragio y apartado mediante oración y la misma imposición de manos.

10. Siendo la obra de los pastores atender constantemente al servicio de Cristo, en sus iglesias, en el ministerio de la Palabra y la oración, velando por sus almas, como aquellos que han de dar cuenta a él, es la responsabilidad de las iglesias a las que ellos ministran darles no solamente todo el respeto debido, sino compartir también con ellos todas sus cosas buenas, según sus posibilidades, de manera que tengan una provisión adecuada, sin que tengan que enredarse en actividades seculares, y puedan también practicar la hospitalidad hacia los demás. Esto lo requiere la ley de la naturaleza y el mandato expreso de Nuestro Señor Jesús, quien ha ordenado que los que predican el evangelio vivan del evangelio.

11. Aunque sea la responsabilidad de los obispos o pastores de las iglesias, según su oficio, estar constantemente dedicados a la predicación de la Palabra, sin embargo la obra de predicar la Palabra no está tan particularmente limitada a ellos, sino que otros también dotados y cualificados por el Espíritu Santo para ello y aprobados y llamados por la iglesia, pueden y deben desempeñarla.

12. Todos los creyentes están obligados a unirse a iglesias locales cuando y donde tengan la oportunidad de hacerlo. Asimismo todos aquellos que son admitidos a los privilegios de una iglesia también están sujetos a la disciplina y el gobierno de la misma iglesia, conforme a la norma de Cristo.

13. Ningún miembro de iglesia, en base a alguna ofensa recibida, habiendo cumplido el deber requerido de él hacia la persona que le ha ofendido, debe perturbar el orden de la iglesia, o ausentarse de las reuniones de la iglesia o de la administración de ninguna de las ordenanzas en base a tal ofensa de cualquier otro miembro, sino que debe esperar en Cristo mientras prosigan las actuaciones de la iglesia.

14. Puesto que cada iglesia, y todos sus miembros, están obligados a orar continuamente por el bien y la prosperidad de todas las iglesias de Cristo en todos los lugares, y en todas las ocasiones ayudar a cada una dentro de los límites de sus áreas y vocaciones, en el ejercicio de sus dones y virtudes, así las iglesias, cuando estén establecidas por la providencia de Dios de manera

que puedan gozar de la oportunidad y el beneficio de ello, deben tener comunión entre sí, para su paz, crecimiento en amor y edificación mutua.

15. En casos de dificultades o diferencias respecto a la doctrina o el gobierno de la iglesia, en que bien las iglesias en general o bien una sola iglesia están concernidas en su paz, unión y edificación; o uno o varios miembros de una iglesia son dañados por procedimientos disciplinarios que no sean de acuerdo a la verdad y al orden, es conforme a la mente de Cristo que muchas iglesias que tengan comunión entre sí, se reúnan a través de sus representantes para considerar y dar su consejo sobre los asuntos en disputa, para informar a todas las iglesias concernidas. Sin embargo, a los representantes congregados no se les entrega ningún poder eclesiástico propiamente dicho ni jurisdicción sobre las iglesias mismas para ejercer disciplina sobre cualquiera de ellas o sus miembros, o para imponer sus decisiones sobre ellas o sus oficiales.

XXVII. De la Comunión de los Santos

1. Todos los santos que están unidos a Jesucristo, su cabeza, por su Espíritu y por la fe (aunque no por ello vengan a ser una persona con El), participan en sus virtudes, padecimientos, muerte, resurrección y gloria; y, estando unidos unos a otros en amor, participan mutuamente de sus dones y virtudes, y están obligados al cumplimiento de tales deberes, públicos y privados, de manera ordenada, que conduzcan a su mutuo bien, tanto en el hombre interior como en el exterior.

2. Los santos, por su profesión, están obligados a mantener entre sí un compañerismo y comunión santos en la adoración a Dios y en el cumplimiento de los otros servicios espirituales que tiendan a su edificación mutua, así como a socorrerse los unos a los otros en las cosas externas según sus posibilidades y necesidades. Según la norma del evangelio, aunque esta comunión deba ejercerse especialmente en las relaciones en que se encuentren, ya sea en las familias o en las iglesias, no obstante, debe extenderse, según Dios dé la oportunidad, a toda la familia de la fe, es decir, a todos los que en todas partes invocan el nombre del Señor Jesús. Sin embargo, su comunión mutua como santos no quita ni infringe el derecho o la propiedad que cada hombre tiene sobre sus bienes y posesiones.

XXVIII. Del Bautismo y la Cena del Señor

1. El bautismo y la Cena del Señor son ordenanzas que han sido positiva y soberanamente instituidas por el Señor Jesús, el único legislador, para que continúen en su Iglesia hasta el fin del mundo.

2. Estas santas instituciones han de ser administradas solamente por aquellos que estén cualificados y llamados para ello, según la comisión de Cristo.

XXIX. Del Bautismo

1. El bautismo es una ordenanza del Nuevo Testamento instituida por Jesucristo, con el fin de ser para la persona bautizada una señal de su comunión con él en su muerte y resurrección, de estar injertado en él, de la remisión de pecados y de su entrega a Dios por medio de Jesucristo para vivir y andar en novedad de vida.

2. Los que realmente profesan arrepentimiento para con Dios y fe en nuestro Señor Jesucristo y obediencia a él son los únicos sujetos adecuados de esta ordenanza.

3. El elemento exterior que debe usarse en esta ordenanza es el agua, en la cual ha de ser bautizada la persona en el nombre del Padre, del Hijo y del Espíritu Santo.

4. La inmersión de la persona en el agua es necesaria para la correcta administración de esta ordenanza.

XXX. De la Cena del Señor

1. La Cena del Señor Jesús fue instituida por él la misma noche en que fue entregado, para que se observara en sus iglesias hasta el fin del mundo, para el recuerdo perpetuo y para la manifestación del sacrificio de sí mismo en su muerte, para confirmación de la fe de los creyentes en todos los beneficios de la misma, para su alimentación espiritual y crecimiento en él, para un mayor compromiso en todas las obligaciones que le deben a él, y para ser un vínculo y una prenda de su comunión con él y entre ellos mutuamente.

2. En esta ordenanza Cristo no es ofrecido a su Padre, ni se hace en absoluto ningún verdadero sacrificio para la remisión del pecado ni de los vivos ni de los muertos; sino que solamente es un memorial de aquel único ofrecimiento de sí mismo y por sí mismo en la cruz, una sola vez para siempre, y una ofrenda espiritual de toda la alabanza posible a Dios por el mismo. Así que el sacrificio papal de la misa, como ellos la llaman, es sumamente abominable e injurioso para con el sacrificio mismo de Cristo, la única propiciación por todos los pecados de los elegidos.

3. El Señor Jesús, en esta ordenanza, ha designado a sus ministros para que oren y bendigan los elementos del pan y del vino, y que los aparten así del

uso común para el uso sagrado; que tomen y partan el pan, y tomen la copa y (participando también ellos mismos) den ambos a los participantes.

4. El negar la copa al pueblo, el adorar los elementos, el elevarlos o llevarlos de un lugar a otro para adorarlos y el guardarlos para cualquier pretendido uso religioso, es contrario a la naturaleza de esta ordenanza y a la institución de Cristo.

5. Los elementos externos de esta ordenanza, debidamente separados para el uso ordenado por Cristo, tienen tal relación con él crucificado que en un sentido verdadero, aunque en términos figurativos, se llaman a veces por el nombre de las cosas que representan, a saber: el cuerpo y la sangre de Cristo; no obstante, en sustancia y en naturaleza, esos elementos siguen siendo verdadera y solamente pan y vino, como eran antes.

6. Esa doctrina que sostiene un cambio de sustancia del pan y del vino en la sustancia del cuerpo y la sangre de Cristo (llamada comúnmente transustanciación), por la consagración de un sacerdote, o de algún otro modo, es repugnante no solo a la Escritura sino también al sentido común y a la razón; echa abajo la naturaleza de la ordenanza; y ha sido y es la causa de muchísimas supersticiones y, además, de crasas idolatrías.

7. Los que reciben dignamente esta ordenanza, participando externamente de los elementos visibles, también participan interiormente, por la fe, de una manera real y verdadera, aunque no carnal ni corporal, sino alimentándose espiritualmente de Cristo crucificado y recibiendo todos los beneficios de su muerte. El cuerpo y la sangre de Cristo no están entonces ni carnal ni corporal sino espiritualmente presentes en aquella ordenanza a la fe de los creyentes, tanto como los elementos mismos lo están para sus sentidos corporales.

8. Todos los ignorantes e impíos, no siendo aptos para gozar de la comunión con Cristo, son por tanto indignos de la mesa del Señor y, mientras permanezcan como tales, no pueden, sin pecar grandemente contra él, participar de estos sagrados misterios o ser admitidos a ellos; además, quienquiera que los reciba indignamente es culpable del cuerpo y la sangre del Señor, pues come y bebe juicio para sí.

XXXI. Del Estado del Hombre después de la Muerte y de la Resurrección de los Muertos

1. Los cuerpos de los hombres vuelven al polvo después de la muerte y ven la corrupción, pero sus almas (que ni mueren ni duermen), teniendo una subsistencia inmortal, vuelven inmediatamente a Dios que las dio. Las

almas de los justos, siendo entonces hechas perfectas en santidad, son recibidas en el Paraíso donde están con Cristo, y contemplan la faz de Dios en luz y gloria, esperando la plena redención de sus cuerpos. Las almas de los malvados son arrojadas al infierno, donde permanecen atormentadas y envueltas en densas tinieblas, reservadas para el juicio del gran día. Fuera de estos dos lugares para las almas separadas de sus cuerpos, la Escritura no reconoce ningún otro.

2. Los santos que se encuentren vivos en el último día no dormirán, sino que serán transformados, y todos los muertos serán resucitados con sus mismos cuerpos, y no con otros, aunque con diferentes cualidades, y estos serán unidos otra vez a sus almas para siempre.

3. Los cuerpos de los injustos, por el poder de Cristo, serán resucitados para deshonra; los cuerpos de los justos, por su Espíritu, para honra, y serán hechos entonces semejantes al cuerpo glorioso de Cristo.

XXXII. Del Juicio Final

1. Dios ha establecido un día en el cual juzgará al mundo con justicia por Jesucristo, a quien todo poder y juicio ha sido dado por el Padre. En aquel día, no solo los ángeles apóstatas serán juzgados, sino que también todas las personas que han vivido sobre la tierra comparecerán delante del tribunal de Cristo para dar cuenta de sus pensamientos, palabras y acciones, y para recibir conforme a lo que hayan hecho mientras estaban en el cuerpo, sea bueno o malo.

2. El propósito de Dios al establecer este día es la manifestación de la gloria de su misericordia en la salvación eterna de los elegidos, y la de su justicia en la condenación eterna de los réprobos, que son malvados y desobedientes; pues entonces entrarán los justos a la vida eterna y recibirán la plenitud de gozo y gloria con recompensas eternas en la presencia del Señor; pero los malvados, que no conocen a Dios ni obedecen al evangelio de Jesucristo, serán arrojados al tormento eterno y castigados con eterna perdición, lejos de la presencia del Señor y de la gloria de su poder.

3. Así como Cristo quiere que estemos ciertamente persuadidos de que habrá un día de juicio, tanto para disuadir a todos los hombres de pecar, como para el mayor consuelo de los piadosos en su adversidad; así también quiere que ese día sea desconocido para los hombres, para que se desprendan de toda seguridad carnal y estén siempre velando porque no saben a qué hora vendrá el Señor; y estén siempre preparados para decir:

Ven, Señor Jesús; ven pronto. Amén.

APÉNDICE 2:
Respuestas: Estudio Interactivo de Teología

1. ¿Cuántos Dioses realmente existen?

Respuesta correcta: a

La Biblia dice que "Dios es uno" (Gálatas 3:20; Santiago 2:19). Un "Rey de los siglos, inmortal, invisible... único y sabio Dios" al que "sea honor y gloria por los siglos de los siglos" (1 Timoteo 1:17). Dios es uno y fuera de Él no hay otro (Deuteronomio 4:39; 1 Crónicas 17:20). Dios no tiene partes, ni hay en él "cambio ni sombra de variación" (Santiago 1:17).

En medio de tantas religiones clamando tener uno o muchos otros dioses distintos al Dios de la Biblia, nosotros confesamos que sólo el Dios de la Biblia es real. Esto es lo que dice Pablo a cristianos preocupados por comer comida sacrificada a los ídolos:

> "Acerca, pues, de las viandas que se sacrifican a los ídolos, sabemos que un ídolo nada es en el mundo, y que no hay más que un Dios. Pues aunque haya algunos que se llamen dioses, sea en el cielo, o en la tierra (como hay muchos dioses y muchos señores), para nosotros, sin embargo, sólo hay un Dios, el Padre, del cual proceden todas las cosas, y nosotros somos para él; y un Señor, Jesucristo, por medio del cual son todas las cosas, y nosotros por medio de él" (1 Corintios 8:4-6).

2. ¿Es Jesús Dios?

Respuesta correcta: e

La Biblia claramente enseña que Jesús es Dios. Primeramente, por que Jesús recibe la adoración que sólo Dios puede recibir (Apocalipsis 4:11; 5:9-10; 1 Timoteo 3:16; Tito 2:13). Segundo, porque en la Biblia se le atribuyen obras que son exclusivamente de Dios, como la creación de todas las cosas (Juan 1:3). Y tercero, porque la Biblia en varias ocasiones se refiere a Jesús con el título "Dios" (Juan 10:30-33; 1 Timoteo 3:16; Juan 1:1; Filipenses 2:10-11; Juan 20:28).

"Y sabemos que el Hijo de Dios ha venido y nos ha dado entendimiento a fin de que conozcamos al que es verdadero; y nosotros estamos en aquel que es verdadero, en su Hijo Jesucristo. Este es el verdadero Dios y la vida eterna" (1 Juan 5:20, énfasis añadido).

3. ¿Es Jesús hombre?

Respuesta correcta: d

Cada vez que profundizamos en quién es realmente Jesús, nos damos cuenta de que ni siquiera hemos comenzado a descubrir el misterio de su gloria. Jesús no sólo es Dios eterno, la segunda persona de la trinidad, sino que también es Dios con nosotros, nacido como verdadero hombre.

Jesús nació mediante un parto como el nuestro (Lucas 2:7), creció y se desarrolló como un niño (Lucas 2:52), tuvo emociones (Juan 11:35) y mente humana (Marcos 13:31). Es un grave error pensar que Jesús es Dios en un disfraz humano, o que su divinidad se mezcló con su humanidad formando un semidiós. Jesús es Dios hecho verdadero hombre, sin dejar de ser verdadero Dios eterno. Este es un misterio que va más allá de lo que nuestro intelecto humano puede comprender.

4. ¿Qué sucedió cuando Jesús fue concebido en el vientre de María?

Respuesta correcta: c

Muchos son los que cometen el grave error de pensar que cuando

Dios se encarnó dejo atrás sus poderes para volverse temporalmente un hombre limitado. Dios es inmutable, y no puede haber ningún cambio en él (Santiago 1:17). Jesús es una persona divina con dos naturalezas funcionando simultáneamente como Dios eterno y como hombre verdadero. Siendo Jesús verdaderamente Dios se hizo verdaderamente hombre, dos naturalezas en una persona. Cuando "el Verbo se hizo carne y habitó entre nosotros" (Juan 1:14), él asumió una naturaleza humana que era en "todo según nuestra semejanza, pero sin pecado" (Hebreos 4:15) sin dejar a un lado su divinidad.

5. ¿Quién es el Espíritu Santo?

Respuesta correcta: c

El Espíritu Santo no es una mera fuerza, no es solamente el aliento de vida en los seres humanos, ni tampoco es una criatura poderosa. La Biblia dice que los cristianos disfrutan de la "comunión del Espíritu Santo" (2 Corintios 13:14) y dice que el Espíritu reparte dones espirituales "a cada uno en particular como él designa" (1 Corintios 12:11). El Espíritu Santo es llamado el consolador (Juan 14:24), el Espíritu del Hijo (Gálatas 4:6), el Espíritu de Dios (1 Juan 4:2), y el Espíritu del Señor, el cual es "Espíritu de sabiduría y de inteligencia, Espíritu de consejo y de poder, Espíritu de conocimiento y de temor del Señor" (Isaías 11:2). El Espíritu Santo es Dios eterno, la tercera persona de la Trinidad.

6. ¿Cuál de estas es la afirmación correcta de la doctrina de la Trinidad?

Respuesta correcta: c

La Biblia nunca usa la palabra trinidad para describir a Dios, sin embargo, la Biblia describe a Dios como uno y como tres. La doctrina de la trinidad se encuentra implícita en la teología de toda la Biblia. Dios es un solo Ser existiendo en tres personas distinguibles: Padre, Hijo y Espíritu Santo. Un solo Dios subsistiendo en tres personas.

Ese es el único Dios verdadero.

Algunos pasajes bíblicos mencionan a las tres personas de la trinidad. En esos pasajes podemos ver que son personas distinguibles, y sin embargo, cada una de ellas es completamente Dios, y sabemos que hay un solo Dios.

En el bautismo de Jesús vemos a las tres personas divinas obrando juntas: "Después de ser bautizado, Jesús salió del agua inmediatamente; y los cielos se abrieron en ese momento y él vio al *Espíritu de Dios* que descendía como una paloma y venía sobre Él. Y se *oyó una voz de los cielos que decía: «Este es Mi Hijo amado* en quien me he complacido»." (Mateo 3:16-17, énfasis agregado).

También en la gran comisión vemos como Jesús ordena a sus discípulos a bautizar en el nombre de Dios, un nombre, que al mismo tiempo es tres nombres: "Vayan, pues, y hagan discípulos de todas las naciones, bautizándolos *en el nombre* del Padre y del Hijo y del Espíritu Santo…" (Mateo 28:19-20, énfasis agregado).

Y por último, quería mencionar la frase que usa el apóstol Pablo para bendecir a la iglesia de Corinto: "La gracia del Señor *Jesucristo*, el amor de *Dios* y la comunión del *Espíritu Santo* sean con todos ustedes" (2 Corintios 13:14, énfasis agregado).

No existen tres dioses, solo un Dios. Ese Dios no es solo una persona, sino tres personas. Este es un misterio de la fe cristiana que no podemos terminar de entender. Sin embargo, si pudiéramos explicar todo acerca de Dios, entonces Dios dejaría de ser Dios.

7. ¿Dios acepta toda adoración?

Respuesta correcta: c

Aunque es popular el pensamiento de que todo tipo de adoración se dirige al mismo Dios, esto es una enseñanza que contradice el testimonio bíblico. La Biblia es clara, "Todo aquel que niega al Hijo tampoco tiene al Padre; el que confiesa al Hijo tiene también al Padre" (1 Juan 2:23). Jesús incluso condenó a los judíos, quienes piensan que adoran al Dios de Abraham, Isaac, y Jacob, diciéndoles que ellos no conocían al Padre (Juan 16:3). La verdad es que nuestra adoración sólo es aceptable ante Dios a través de Jesucristo porque hay "un solo Mediador entre Dios y los hombres, Cristo Jesús hombre" (1 Timoteo 2:5). Si alguien rechaza a Jesús, no puede adorar a Dios, porque "El que no honra al Hijo, no honra al Padre que le envió" (Juan 5:23).

8. ¿Por qué fuimos creados?

Respuesta correcta: c

Nuestra época se opone a la idea de que Dios es el creador de todo lo que existe. Científicos ateos dicen que somos un accidente del universo, que no existe un propósito para la vida, y que es más racional creer que fuimos creados por extraterrestres que pensar que Dios es nuestro creador. Sin embargo, la Biblia claramente enseña que Dios es el creador de todas las cosas. Cuando la Biblia explica la creación del ser humano, enseña que fuimos creados a la imagen de Dios para glorificar a Dios y llenar la tierra de su alabanza. La verdadera vida consiste en conocer a Dios en Cristo (Juan 17:3). Salomón concluye su libro con el siguiente enfoque: "Teme a Dios y guarda Sus mandamientos" (Eclesiastés 12:13). Fuimos creados por Dios y fuimos creados para Dios. Aunque el pecado ha desviado a la humanidad de Dios para enfocarse en los ídolos.

9. ¿Cuál es el propósito principal de la humanidad?

Respuesta correcta: b

Según la Biblia, el propósito principal del hombre es teocéntrico, es decir, es centrado en Dios. Fuimos creados para Dios. Por ejemplo, Dios describe a su pueblo escogido como aquellos "a quien he creado para Mi gloria, a quien he formado y a quien he hecho" (Isaías 43:7).

El histórico Catecismo de Westminster, expresa esta enseñanza bíblica memorablemente de la siguiente manera: "El fin principal del hombre es glorificar a Dios (Romanos 11:36, 1 Corintios 10:31) y disfrutarlo plenamente para siempre (Salmo 73: 24-28, Juan 17: 21-

23)".[1]

10. ¿Qué tan santo fue Jesús? ¿Alguna vez llegó a pecar?

Respuesta correcta: b

La Biblia dice que Jesús fue "tentado en todo como nosotros, pero sin pecado" (Hebreos 4:15). Ya que Jesús es verdaderamente Dios, es imposible que peque. Porque "Dios es Luz, y en Él no hay ninguna tiniebla" (1 Juan 1:5). Sin embargo, como Dios encarnado, como verdaderamente humano, Jesús experimentó tentación en su naturaleza humana (Hebreos 4:15). Sin embargo, Jesús nunca cayó en la tentación. Jesús nunca cometió pecado.

Esto es importante por muchas razones. Primero, porque si Jesús hubiera cometido pecado, no podría haber sido el sacrificio perfecto por nuestros pecados. No pudiera ser "el cordero de Dios, que quita el pecado del mundo (Juan 1:29). Jesús debía ser "un cordero sin tacha y sin mancha" (1 Pedro 1:19). Y, en segundo lugar, si Jesús no hubiera vivido una vida perfecta, si no hubiera cumplido "toda justicia" (Mateo 3:15), no podría ofrecernos la justicia "que se obtiene mediante la fe en Cristo, la justicia que procede de Dios, basada en la fe" (Filipenses 3:9, NVI).

11. ¿Cuál es el significado principal de la crucifixión de Jesucristo?

Respuesta correcta: c

En la cruz "Dios demuestra su amor para con nosotros, en que siendo aún pecadores, Cristo murió por nosotros" (Romanos 5:8). En la cruz Jesús "fue herido por nuestras transgresiones, Molido por nuestras iniquidades. El castigo, por nuestra paz, cayó sobre Él" (Isaías 53:5). El propósito del nacimiento, vida, crucifixión, y resurrección de Jesús fue lidiar con nuestro pecado para reconciliarnos con Dios.

Cuando el ángel anunció su nacimiento dijo: "Él salvará a Su pue-

---

1 *The Westminster Larger Catechism: With Scripture Proofs* (Oak Harbor, WA: Logos Research Systems, Inc., 1996).

blo de sus pecados" (Mateo 1:21). El significado central de la muerte de Cristo es explicado en la Biblia diciendo: "Cristo murió por los pecados una sola vez, el justo por los injustos, para llevarnos a Dios" (1 Pedro 3:18). Ese es un buen resumen del mensaje de la cruz, el mensaje de que "Cristo Jesús vino al mundo para salvar a los pecadores, entre los cuales yo soy el primero" (1 Timoteo 1:15).

12. ¿De qué manera resucitó Jesús?

Respuesta correcta: c

La filosofía platónica ha moldeado la manera en que nuestra sociedad concibe al ser humano como un alma atrapada en un cuerpo temporal. Creemos que el cuerpo es algo sin mucha importancia. Sin embargo, la Biblia le da gran importancia al cuerpo como un aspecto esencial de nuestra identidad humana que permanecerá con nosotros por toda la eternidad. Los seres humanos son criaturas corporales al igual que espirituales.

Cuando la Biblia habla de tu resurrección se refiere un regreso a la vida de tu propio cuerpo muerto. Por ejemplo, los casos de resurrección que aparecen en la Biblia siempre se refieren a personas que resucitaron con sus propios cuerpos. En Marcos 5:41-42 Jesús toma una niña por la mano y le dice "Talita cum (que traducido significa: Niña, a ti te digo, ¡levántate!). Al instante la niña se levantó y comenzó a caminar, pues tenía doce años. Y al momento se quedaron completamente atónitos." Cuando Jesús resucita a su amigo Lázaro después de estar muerto por cuatro días, "el que había muerto salió, atadas las manos y los pies con vendas, y el rostro envuelto en un sudario. Jesús les dijo: Desatadle, y dejadle ir" (Juan 11:44).

De la misma manera, Jesús resucitó con su propio cuerpo que había sido crucificado unos días atrás. En Juan 20:27 podemos ver como el cuerpo resucitado de Jesús seguía mostrando sus heridas: "Luego dijo a Tomás: «Acerca aquí tu dedo, y mira Mis manos; extiende aquí tu mano y métela en Mi costado; y no seas incrédulo, sino creyente». «¡Señor mío y Dios mío!», le dijo Tomás." También vemos como la tumba de Jesús estaba vacía (Lucas 24:15). Por lo tanto, Dios no le creó un cuerpo distinto a Jesús cuando resucitó, ni tampoco experimento una reencarnación. Más bien, por el poder de Dios, el cuerpo muerto de Jesús volvió a recobrar su vida.

Para finalizar este tema, es importante entender que la resurrección de Jesús es considerada "los primeros frutos" o las "primicias de los que durmieron" (1 Corintios 15:20). Su cuerpo resucitado y glorificado es una antesala de nuestra resurrección y glorificación corporal. Nuestros cuerpos no van a ser desechados para siempre, sino que serán mejorados, sin dejar de ser nuestros mismos cuerpos.

Sin embargo, los incrédulos resucitarán, pero no serán glorificados. La Biblia promete que todos resucitarán, algunos para condenación y otros para salvación. El cielo y el infierno no son lugares eternos para almas flotantes, sino para personas con cuerpos reales. Sus mismos cuerpos sufrirán el castigo eterno. "No se queden asombrados de esto, porque viene la hora en que todos los que están en los sepulcros oirán Su voz, y saldrán: los que hicieron lo bueno, a resurrección de vida, y los que practicaron lo malo, a resurrección de juicio" (Juan 5:28-29).

13. ¿Jesús va a venir por segunda vez?

Respuesta correcta: d

Jesús prometió venir por segunda vez. Él dijo, "He aquí yo vengo pronto, y mi galardón conmigo, para recompensar a cada uno según sea su obra" (Apocalipsis 22:12). La venida de Cristo no es simbólica o espiritual, sino física y literal. De nuevo, cito las palabras de Jesús: "Entonces verán al Hijo del Hombre que viene en una nube con poder y gran gloria. Cuando estas cosas empiecen a suceder, levántense y alcen la cabeza, porque se acerca su redención" (Lucas 21:27-28).

14. ¿Quiénes son pecadores?

Respuesta correcta: c

La Biblia enseña que después de la caída al pecado de Adán y Eva

(Génesis 3:1-4) todos los seres humanos, los hijos de Adán, son pecadores (Romanos 3:23). Porque "como el pecado entró en el mundo por medio de un hombre, y por medio del pecado la muerte, así también la muerte se extendió a todos los hombres, porque todos pecaron" (Romanos 5:12). "No hay justo, ni aun uno; No hay quien entienda, No hay quien busque a Dios. Todos se han desviado, a una se hicieron inútiles; No hay quien haga lo bueno, No hay ni siquiera uno." (Romanos 3:10-12).

15. ¿Cuáles son las consecuencias de ser pecador?

Respuesta correcta: c

La Biblia enseña que "la paga del pecado es muerte" (Romanos 6:23). El infierno aguarda a cada pecador que muere sin Cristo porque "está decretado que los hombres mueran una sola vez, y después de esto, el juicio" (Hebreos 9:27). Jesucristo mismo les dirá: "Apartaos de mí, malditos, al fuego eterno que ha sido preparado para el diablo y sus ángeles" (Mateo 25:41).

Las consecuencias del pecado son eternas, pero también son visibles en cada día que pasamos en esta tierra porque "Dios está airado contra el impío todos los días" (Salmos 7:11, RV60). El pecador está separado de Dios y vive una vida en enemistad contra Dios. En el presente, todo "el que rehúsa creer en el Hijo no verá la vida, sino que la ira de Dios está sobre él" (Juan 3:36). La Biblia nos recuerda que cuando éramos pecadores apartados de Cristo, "éramos por naturaleza objeto de la ira de Dios" (Efesios 2:3, NVI).

16. ¿Cómo un culpable pecador puede reconciliarse con Dios?

Respuesta correcta: d

La Biblia dice que todos los pecadores están bajo la ira y maldición de Dios hasta que se arrepientan y crean en Jesucristo porque "no hay condenación para los que están en Cristo Jesús" (Romanos 8:1). La única manera en que un culpable pecador puede reconciliarse con Dios es mediante la reconciliación que Cristo ha provisto médiate su sacrificio en la cruz. En esa cruz Jesús cargó sobre sí mismo la culpa de nuestros pecados y llevó el castigo que merecíamos para que, habiendo lidiado con nuestra culpa, nosotros podamos acercarnos a Dios en Cristo.

Para ser salvo el pecador debe arrepentirse de sus pecados y creer en Cristo como su único Señor y Salvador y será salvo. Jesús mismo predicó este mensaje: "«El tiempo se ha cumplido», decía, «y el reino de Dios se ha acercado; arrepiéntanse y crean en el evangelio»" (Marcos 1:15). Una vez le hicieron esta misma pregunta a los apóstoles, "¿qué debo hacer para ser salvo?. Ellos respondieron: «Cree en el Señor Jesús, y serás salvo, tú y toda tu casa»" (Hechos 16:30-31).

17. ¿Cómo puedo saber si soy realmente cristiano?

Respuesta correcta: c

La Biblia dice que "El Espíritu mismo da testimonio a nuestro espíritu de que somos hijos de Dios" (Romanos 8:16; Gálatas 4:6).

Nuestra seguridad de salvación viene primeramente mientras nos aferramos a Jesucristo como salvador. "El que cree en el Hijo de Dios tiene el testimonio en sí mismo" (1 Juan 5:10). Y también mientras observamos cómo Dios va cambiando nuestras vidas para que produzcamos frutos de arrepentimiento, santidad y amor. "En esto se reconocen los hijos de Dios y los hijos del diablo: todo aquel que no practica la justicia, no es de Dios; tampoco aquel que no ama a su hermano" (1 Juan 3:10).

18. ¿Cómo podríamos resumir el evangelio?

Respuesta correcta: b

El evangelio son las buenas nuevas de que Jesucristo, el Hijo de Dios, vino a "salvar a su pueblo de sus pecados" (Mateo 1:21). Jesús es Dios "manifestado en la carne, Vindicado en el Espíritu, Contemplado por ángeles, Proclamado entre las naciones, Creído en el mundo,

Recibido arriba en gloria" (1 Timoteo 3:16). Jesús vivió una vida perfecta y sin pecado, murió en la cruz por nuestros pecados, y resucitó al tercer día para rescatar a los pecadores. Esta salvación es gratuita para cualquiera que se arrepienta de sus pecados y ponga toda su fe en él (1 Corintios 15:14-17; Romanos 5:8; 10:13).

19. ¿Qué significa ser un discípulo de Jesús?

Respuesta correcta: a

Según la Biblia, un discípulo de Cristo se caracteriza por desechar su vida de pecado para seguir a Jesucristo con todo su corazón (Mateo 13:44). Un discípulo lo ha entregado todo para seguir a Jesús. Jesús mismo dijo, "Si alguien quiere seguirme, niéguese a sí mismo, tome su cruz cada día y sígame" (Lucas 9:23).

Un discípulo demuestra que lo ha dejado todo para seguir a Cristo primeramente al identificarse con Jesucristo a través del bautismo (Mateo 28:19-20) y caminar junto con su iglesia en adoración y obediencia a su Palabra en todas las áreas de la vida (Juan 13:35). Los discípulos obedecen la Palabra de Dios en compañía de la iglesia. Jesús dijo, "Si ustedes permanecen en Mi palabra, verdaderamente son Mis discípulos" (Juan 8:31).

20. ¿Qué es la iglesia?

Respuesta correcta: d

La Biblia define a la iglesia como el templo del Espíritu Santo (1 Corintios 3: 3-4) y la casa de Dios mismo, columna y sostén de la verdad (1 Timoteo 3:15). La iglesia es la novia de Cristo (2 Corintios 11: 2), el cuerpo de Cristo (1 Corintios 12:27), el edificio de Dios (1 Corintios 3:9), y los primeros frutos de la nueva creación (Romanos 5: 12-17). La palabra "iglesia" viene del griego "ekklesia" que significa "comunidad," "personas con creencias compartidas," "asamblea," o "congregación [de cristianos]."[2]

Entonces, la iglesia no es el edificio, porque esta reunión puede ocurrir al aire libre. Tampoco es un club social o una organización de ayuda humanitaria, porque la reunión tiene un propósito específico de adorar a Dios en Cristo a través de su Palabra por el poder del Espíritu Santo. ¿Qué es la iglesia entonces?

El respetado autor John Piper provee una útil definición de la iglesia cuando escribe: "La iglesia local es un grupo de creyentes bautizados, comprometidos a cuidarse unos a otros, que se reúnen regularmente para adorar a Dios a través de Jesucristo, para ser exhortados por la Palabra de Dios y para celebrar las ordenanzas de Cristo (el bautismo y la cena del Señor), bajo la guía de líderes debidamente constituidos".[3]

21. ¿Cuál día la iglesia se reúne para adorar a Dios congregacionalmente?

Respuesta correcta: d

La Biblia no presenta mandamientos explícitos acerca del día en que debemos congregarnos como iglesia para adorar. Sin embargo, creemos que es una buena inferencia teológica el encontrar en el ejemplo de los primeros cristianos un principio general para aplicar en las iglesias cristianas acerca del día en que debemos adorar.

La Biblia dice que los cristianos adoraban "Y el primer día de la semana, cuando estábamos reunidos para partir el pan, Pablo les hablaba, pensando partir al día siguiente, y prolongó su discurso hasta la medianoche" (Hechos 20:7). El apóstol Pablo escribe a la iglesia en Corinto "Que el primer día de la semana, cada uno de ustedes aparte y guarde según haya prosperado, para que cuando yo vaya no se recojan entonces ofrendas" (1 Corintios 16:2). Y muchos eruditos bíblicos piensan que ese era el día al que el apóstol Juan se refería cuando escribió que "Estaba yo en el Espíritu en el día del Señor" (Apocalipsis

---

2 William Arndt et al., *A Greek-English Lexicon of the New Testament and Other Early Christian Literature* (Chicago: University of Chicago Press, 2000), 303.

3 Citado en: Sugel Michelén, *El Cuerpo de Cristo* (Nashville, TN: B&H Publishing, 2019), 40.

1:10).

En conclusión, es sabio que las iglesias decidan apartar el día domingo para adorar a Dios congregacionalmente y como individuos, conmemorando así la resurrección de Jesucristo junto con nuestros hermanos del pasado. El día del Señor debe enfocarse en actividades espirituales y comunión con la iglesia. Sin embargo, si tu iglesia local ya ha determinado seguir este principio y adorar los domingos, entonces es un mandato del Señor que te congregues cada domingo. "Consideremos cómo estimularnos unos a otros al amor y a las buenas obras, no dejando de congregarnos, como algunos tienen por costumbre, sino exhortándonos unos a otros, y mucho más al ver que el día se acerca" (Hebreos 10:24-25).

22. ¿Qué significado tiene el Bautismo?

Respuesta correcta: d

Pablo explica el profundo significado del bautismo diciendo que "hemos sido sepultados con Él por medio del bautismo para muerte, a fin de que como Cristo resucitó de entre los muertos por la gloria del Padre, así también nosotros andemos en novedad de vida" (Romanos 6:4). En otra parte Pablo lo explica así: "habiendo sido sepultados con Él en el bautismo, en el cual también han resucitado con Él por la fe en la acción del poder de Dios, que lo resucitó de entre los muertos" (Colosenses 2:12).

Pablo esta diciendo que bautismo expresa públicamente o dramatiza tres cosas que sucedieron cuando nos arrepentimos y creímos en Jesucristo: (1) que en Cristo hemos muerto y hemos sido condenados por causa del pecado, pero también hemos sido resucitados para vivir en una nueva vida. (2) Que hemos sido espiritualmente unidos a Cristo y a la iglesia. (3) Que hemos renunciado a la vida vieja de pecado y hemos comenzado una vida nueva en obediencia a Cristo junto a la iglesia. El bautismo bíblico sólo ocurre una vez. Para ser un bautismo válido, el bautismo debe ser por inmersión después de haber sido un verdadero creyente, en el nombre del Padre, Hijo y Espíritu Santo, en una congregación que afirma el evangelio verdadero.

23. ¿Qué tiene de especial la Cena del Señor?

Respuesta correcta: c

La Cena del Señor es una forma visible de proclamar el evangelio de Jesucristo. Esta práctica fue establecida por Jesús "en la noche en que fue entregado" (1 Corintios 11:23). En la Cena del Señor, al tomar el pan y la copa, la iglesia de Jesucristo conmemora y proclama "la muerte del Señor hasta que él venga" (1 Corintios 11:23-26). La cena del Señor debe tomarse con suma reverencia y santidad, examinando nuestros corazones y forma de vivir, y poniendo nuestra fe en Cristo. Ninguna persona en rebelión a Dios debe tomar la cena del Señor, porque "juicio come y bebe para sí mismo."

> De manera que el que coma el pan o beba la copa del Señor indignamente, será culpable del cuerpo y de la sangre del Señor. Por tanto, examínese cada uno a sí mismo, y entonces coma del pan y beba de la copa. Porque el que come y bebe sin discernir correctamente el cuerpo del Señor, come y bebe juicio para sí. Por esta razón hay muchos débiles y enfermos entre ustedes, y muchos duermen. Pero si nos juzgáramos a nosotros mismos, no seríamos juzgados. Pero cuando somos juzgados, el Señor nos disciplina para que no seamos condenados con el mundo (1 Corintios 11:27-32).

24. ¿Es ofrendar y diezmar una responsabilidad cristiana?

Respuesta correcta: b

Si bien los cristianos no están obligados a ofrendar la cantidad exacta del "diez por ciento" que se le requería a Israel, debemos tener en cuenta de que el estándar del cristiano no es menor a de los judíos, sino mayor. A los judíos se les pedía el diez por ciento, pero al cristiano se le ordena dar generosa y sacrificialmente a la iglesia local, incluso mucho más que el diez por ciento si su situación económica lo permite. Por ejemplo, en el libro de los Hechos vemos a los cristianos dando su dinero, no a las causas que más les apasionaban, sino principalmente a la iglesia local, como la institución que Dios estableció en la tierra (Hechos 4:34-35).

El cristiano vive para Cristo en todo sentido (Gálatas 2:20). Su cuerpo es de Cristo, su mente es de Cristo, sus metas son de Cristo, y sus finanzas son de Cristo (1 Corintios 6:19). El cristiano solo es un administrador de lo que realmente le pertenece a Cristo. En la medida que vivimos para Cristo, aprendemos que la Palabra de Dios ordena a los cristianos a dar generosamente a la iglesia local para proveer sustento financiero a los pastores, así como Israel proveía para los levitas. Este es precisamente el punto de 1 Corintos 9:13-14 "¿No saben que los que desempeñan los servicios sagrados comen la comida del templo, y los que regularmente sirven al altar, del altar reciben su parte? Así también ordenó el Señor que los que proclaman el evangelio, vivan del evangelio." Este también es el punto de Gálatas 6:6 cuando dice: "Y al que se le enseña la palabra, que comparta toda cosa buena con el que le enseña." También es el punto de 1 Timoteo 5:18-19 cuando dice "Porque la Escritura dice: «No pondrás bozal al buey cuando trilla», y: «El obrero es digno de su salario»."

Así que, los cristianos tienen la responsabilidad de ofrendar generosamente a la iglesia local de forma voluntaria para adorar a Dios con generosidad gozosa y sacrificial, sostener el ministerio de sus pastores-maestros, y aportar al sostenimiento de la iglesia. En cuanto a qué cantidad debe dar, cada uno es responsable ante Dios de dar generosamente. "Cada uno dé como propuso en su corazón: no con tristeza, ni por necesidad, porque Dios ama al dador alegre" (2 Corintios 9:7). Sin embargo, mientras cada cristiano determina cuánto dar a la iglesia, es aconsejable comenzar por dar el diez por ciento (diezmar) según el ejemplo y patrón bíblico, ya que este patrón puede servir como un principio de sabiduría para administrar nuestras finanzas de una manera sacrificial, organizada y fiel.

25. ¿Cómo la Biblia dice que debo relacionarme con los pastores de la iglesia?

Respuesta correcta: c

Los pastores son hermanos que han sido llamados por Dios a servir a la iglesia local en liderazgo, enseñanza y cuidado espiritual. Ellos deben ser siervos humildes bíblicamente calificados, que el Espíritu Santo ha establecido en la iglesia (Hechos 20:28). Los miembros de la iglesia no deben adorar a los pastores, ni despreciarlos, sino obedecerlos, sustentarlos, y respetarlos.

En cuanto a la obediencia, la Biblia ordena a los pastores a no ser autoritarios en las iglesias. Ellos deben liderar ejemplarmente, no "teniendo señorío sobre los que les han sido confiados, sino demostrando ser ejemplos del rebaño" (1 Pedro 5:3). Pero a los miembros de la iglesia se les ordena someterse al liderazgo de los pastores, "Obedezcan a sus pastores y sujétense a ellos, porque ellos velan por sus almas, como quienes han de dar cuenta. Permítanles que lo hagan con alegría y no quejándose, porque eso no sería provechoso para ustedes" (Hebreos 13:17). Entonces, los miembros de la iglesia deben seguir el liderazgo bíblico del pastor, que a su vez no debe tener señorío, sino liderar ejemplarmente, como Cristo.

En cuando al sostenimiento de los pastores, la Biblia dice que los pastores deben ser hombres que no buscan enriquecerse (1 Timoteo 6:9-10). Pero al mismo tiempo Dios ordena a la iglesia a honrar y sustentar financieramente a los pastores, "Los ancianos que gobiernan bien sean considerados dignos de doble honor, principalmente los que trabajan en la predicación y en la enseñanza" (1 Timoteo 5:17). "Así también ordenó el Señor que los que proclaman el evangelio, vivan del evangelio" (1 Corintios 9:14).

26. ¿Cómo debemos lidiar con conflictos personales en la iglesia?

Respuesta correcta: b

Debemos orar un tiempo y considerar en primer lugar si nosotros estamos malentendiendo la situación. Luego hablar con la persona con la que tenemos conflicto primeramente para aclarar si es que estamos malentendiendo la situación. Nuestras palabras deben comunicar la verdad en amor y humildad. Si el problema continúa, debemos ser valientes y hablar con el pastor en vez de murmurar o quejarnos con otros hermanos o familiares, lo cual es un grave pecado ante Dios. Entre los cristianos la resolución de problemas es un estilo de vida constante.

Jesús claramente dio instrucciones detalladas sobre cómo resolver conflictos en la iglesia. En Mateo 18:15-17 Jesús dice, "Si tu hermano peca, ve y repréndelo a solas; si te escucha, has ganado a tu hermano. Pero si no te escucha, lleva contigo a uno o a dos más, para que toda palabra sea confirmada por boca de dos o tres testigos. Y si rehúsa escucharlos, dilo a la iglesia; y si también rehúsa escuchar a la iglesia, sea para ti como el gentil y el recaudador de impuestos" (Mateo 18:15-17).

Sin embargo, antes de ir a confrontar a nuestro hermano, debemos reflexionar si nosotros mismos no somos los del problema. Debemos tener cuidado, porque fácilmente podemos un juicio injusto y apresurado, sin darnos cuenta de que es nuestro propio prejuicio. Debemos recordar las enseñanzas de Jesús antes de juzgar apresuradamente:

> No juzguen a nadie, para que nadie los juzgue a ustedes. Porque tal como juzguen se les juzgará, y con la medida que midan a otros, se les medirá a ustedes. ¿Por qué te fijas en la astilla que tiene tu hermano en el ojo, y no le das importancia a la viga que está en el tuyo? ¿Cómo puedes decirle a tu hermano: "Déjame sacarte la astilla del ojo", cuando ahí tienes una viga en el tuyo? ¡Hipócrita!, saca primero la viga de tu propio ojo, y entonces verás con claridad para sacar la astilla del ojo de tu hermano (Mateo 7:1-5, NVI).

27. ¿Es perdonar una obligación cristiana?

Respuesta correcta: c

El evangelio de Jesucristo moldea al cristiano de tal manera que su estilo de vida es uno de perdonar y pedir perdón continuamente. "Sean más bien amables unos con otros, misericordiosos, perdonándose unos a otros, así como también Dios los perdonó en Cristo" (Efesios 4:32). Así que el cristiano está obligado a perdonar por el mandato de su Señor y Salvador. Sin embargo, el perdón que agrada a Dios debe ser sincero y lleno de amor a Cristo.

Cuando se nos hace difícil perdonar, la Biblia nos dice que debemos regresar al evangelio como una fuente de gracia que nos conduce a perdonar, "Como Cristo los perdonó, así también háganlo ustedes" (Colosenses 3:13).

Debemos tener gran temor de Dios si decidimos no perdonar a alguien que nos ha dañado porque Jesús dice, "Pero si ustedes no perdonan, tampoco su Padre que está en los cielos perdonará sus transgresiones" (Marcos 11:26). La falta de perdón en nuestros corazones es inaceptable para Dios y puede estar revelando que Cristo no está en nosotros, que no hemos creído el evangelio, y que posiblemente aún no seamos salvos. Sin embargo, eso no quiere decir que perdonar es algo fácil. Cuando te sea difícil perdonar, te aconsejo orar con un cristiano maduro o un pastor y estudiar juntos lo que Jesús enseña en Mateo 18:21-35.

28. ¿Cuál es la voluntad de Dios para nuestra sexualidad?

Respuesta correcta: c

La Biblia enseña que Dios creó las relaciones sexuales como una bendición para ser disfrutada en el contexto del matrimonio, "el hombre dejará a su padre y a su madre y se unirá a su mujer, y serán una sola carne" (Génesis 2:24). Antes de que Adán y Eva pecaran, "ambos estaban desnudos, el hombre y su mujer, pero no se avergonzaban" (Génesis 2:25). Sin embargo, después de que el pecado entró en el mundo, la vergüenza y la culpa se hizo parte de la experiencia humana a tal punto que Adán y Eva "se escondieron de la presencia del Señor Dios entre los árboles del huerto" (Génesis 3:8). Sin embargo, a pesar del pecado, las relaciones sexuales en la actualidad siguen teniendo el mismo propósito original: ser la expresión gozosa de la unión matrimonial y servir como el mecanismo mediante el cual podemos multiplicarnos.

Entonces, la voluntad de Dios para nuestra sexualidad es que pueda ser expresada en toda santidad para su gloria según su diseño. "Porque esta es la voluntad de Dios: su santificación; es decir, que se abstengan de inmoralidad sexual" (1 Tesalonicenses 4:3). La inmoralidad sexual es todo acto sexual fuera del contexto matrimonial heterosexual y monógamo (es decir, el matrimonio con una sola persona que es del sexo opuesto).

29. ¿Es pecado la homosexualidad, lesbianismo, promiscuidad, y cambios de identidad sexual?

Respuesta correcta: b

La Biblia claramente condena toda clase de inmoralidad sexual: pensamientos impuros (Mateo 5:28), palabras inmorales u obscenas (Efesios 5:3), ver la desnudes de otros (Levítico 18:6), homosexualidad (Levítico 20:13; 1 Corintios 6:9), lesbianismo (Romanos 1:26-27), relaciones sexuales con familiares (1 Corintios 5:1), relaciones sexuales con animales (Levítico 18:23), relaciones de adulterio (Éxodo 20:14), y toda clase prostitución o de relaciones sexuales fuera del contexto matrimonial (1 Corintios 6:18).

En cuanto a los cambios de identidad de género, la Biblia dice que "el Señor, es Dios; Él nos hizo, y no nosotros a nosotros mismos" (Salmos 100:3). El buscar forzar un cambio de identidad de género es rebelión pecaminosa contra nuestro santo creador. Dios es el que ha tomado la decisión de hacernos hombres o mujeres, "Dios creó al hombre a imagen Suya, a imagen de Dios lo creó; varón y hembra los creó" (Génesis 1:27).

En nuestros días es muy común aceptar la idea de que Dios no juzga a los homosexuales o lesbianas, pero la Palabra de Dios es clara. El homosexualismo, el lesbianismo y la ideología de género completamente se opone al mensaje de la Palabra de Dios y a la vida que nos llama a vivir el evangelio de Jesucristo. Debemos asumir que cualquiera que orgullosamente se identifique como homosexual, lesbiana, o transgénero, está perdido espiritualmente, sin Cristo, y necesita escuchar el evangelio con amor y verdad.

Oremos que Dios los traiga al arrepentimiento y la fe en Cristo Jesús, así como lo hizo con nosotros cuando estábamos condenados al infierno, sabiendo que Dios "quiere que todos los hombres sean salvos y vengan al pleno conocimiento de la verdad" (1 Timoteo 2:4).

30. ¿Es pecado convivir o mantener relaciones sexuales con alguien con el que no estoy casado?

Respuesta correcta: c

Dios no aprueba ningún acto sexual fuera del contexto matrimonial. "Sea el matrimonio honroso en todos, y el lecho matrimonial sin deshonra, porque a los inmorales y a los adúlteros los juzgará Dios" (Hebreos 13:4). El apóstol Pablo claramente aconseja a aquellos solteros que son tentados hacia la inmoralidad sexual a casarse en vez de pecar, "Pero si carecen de dominio propio, cásense. Que mejor es casarse que quemarse" (1 Corintios 7:9). La fornicación es un grave pecado que no debe tomarse a la ligera (1 Corintios 6:15-16).

La Biblia condena la inmoralidad sexual a tal grado que el apóstol Pablo aconsejó a la iglesia de Corinto que "no anduvieran en compañía de ninguno que, llamándose hermano, es una persona inmoral… Con esa persona, ni siquiera coman" (1 Corintios 5:11). El punto de Pablo es que, un verdadero cristiano que tiene al Espíritu Santo no podría tener una actitud indiferente hacia la inmoralidad sexual. El cristiano verdadero naturalmente odia su pecado, lo confiesa, se arrepiente, y busca el perdón y la restauración.

31. ¿Es la práctica del aborto pecado?

Respuesta correcta: c

Lo primero que debemos establecer en este tema es la humanidad del niño en el vientre de su madre. La Biblia habla una y otra vez de la existencia de una persona amada por Dios en el vientre. "Tus ojos vieron mi embrión, Y en Tu libro se escribieron todos Los días que me fueron dados, Cuando no existía ni uno solo de ellos" (Salmo 139:16). Hablando del profeta Jeremías, Dios dice, "«Antes que Yo te formara en el seno materno, te conocí, Y antes que nacieras, te consagré; Te puse por profeta a las naciones»" (Jeremías 1:5). En conclusión, el bebé que está en el vientre de su madre es un ser humano creado a la imagen y semejanza de Dios, con dignidad y valor.

Lo segundo que debemos establecer es si la madre tiene el derecho o no de quitar la vida del hijo que está en su vientre. En este respecto la Biblia clara y sucintamente ordena: "No matarás" (Éxodo 20:13). En su contexto "matar" se refiere a acabar con la vida de cualquier persona por decisión propia. Esto es pecado porque busca robar el lugar que le pertenece a Dios. Solo Dios puede decidir quién vive o muere. Si el mandato de no matar aplica al asesinato intencional de cualquier adulto, cuánto más en el caso de un indefenso e inocente bebe en el vulnerable vientre de una madre. Por lo tanto, la práctica del aborto es pecado y es abominable ante Dios.

Además de esto, los cristianos desde el principio estuvieron claramente en contra del aborto. Justo después de la época en que se escribió el Nuevo Testamento, varios maestros y pastores cristianos condenaron explícitamente el aborto. Por ejemplo, en el año 120 después de Cristo leemos un antiguo documento cristiano llamado Didajé que dice: "No matarás a un niño antes de nacer ni asesinarás a un recién nacido".[4] En otro documento del año 125 llamado la Epístola de Bernabé se escribe: "No matarás a un niño mediante el aborto, ni lo matarás después de su nacimiento".[5] Los cristianos siempre se han distinguido por aborrecer el aborto y cuidar a los niños abandonados. Que ese también sea nuestro corazón.

32. ¿Es el racismo pecado?

Respuesta correcta: b

El cristiano tiene la ventaja de poseer la Biblia, la Palabra de Dios, que le ayuda a obtener discernimiento ante todas las ideologías desviadas de cada época. El racismo está fundamentado en la idea moderna, errónea, y anti-bíblica de que los seres humanos están divididos en diversas razas que se pueden distinguir por la coloración de

---

4 Francis X. Glimm, "The Didache or Teaching of the Twelve Apostles," in *The Apostolic Fathers*, trans. Francis X. Glimm, Joseph M.-F. Marique, and Gerald G. Walsh, vol. 1, The Fathers of the Church (Washington, DC: The Catholic University of America Press, 1947), 172.

5 Francis X. Glimm, "The Letter of Barnabas," in *The Apostolic Fathers*, trans. Francis X. Glimm, Joseph M.-F. Marique, and Gerald G. Walsh, vol. 1, The Fathers of the Church (Washington, DC: The Catholic University of America Press, 1947), 219–220.

su piel y otros rasgos físicos.

Lamentablemente, esta idea moderna de "razas" naturalmente llevó al racismo. Cuando abrazamos la idea de que hay diversas razas humanas, es fácil concluir que algunas razas son mejores que otras. Sin embargo, la Biblia arranca el problema de raíz trayendo a la luz la verdad de que todos los seres humanos somos una sola raza, somos realmente hermanos. La Biblia dice que todos venimos de Adán, y luego venimos de Noé (Génesis 10). Si un árbol da manzanas, y algunas salen con una tonalidad más clara y otras más rojizas, ¿diremos que el árbol ha producido diversas clases de manzanas? ¿Acaso serían categorizadas como distintos frutos? Tal situación seria absurda. Igualmente, los seres humanos somos una sola raza, somos hermanos y estamos en la misma familia.

Habiendo establecido ese fundamento, toda la ideología del racismo se viene abajo. La discriminación pasa a ser una expresión de odio alimentada por la mentira de que pertenecemos a razas distintas, algunas superiores y algunas inferiores. Pero la Biblia dice que todos somos creados a imagen y semejanza de Dios (Génesis 1:27).

La Biblia dice que los problemas entre nosotros no vienen por pertenecer a diversas razas, sino porque tenemos corazones pecaminosos: "¿De dónde vienen las guerras y los conflictos entre ustedes? ¿No vienen de las pasiones que combaten en sus miembros?" (Santiago 4:1). Lo que está mal no es nuestro color de piel sino nuestro corazón. Por eso, podemos reconocer que todos somos propensos a riñas, peleas, contiendas, divisiones, envidias, prejuicios, favoritismos, injusticias, y toda clase de maltratos los unos para con los otros. "Porque del corazón provienen malos pensamientos, homicidios, adulterios, fornicaciones, robos, falsos testimonios y calumnias" (Mateo 15:19), "por cuanto todos pecaron y no alcanzan la gloria de Dios" (Romanos 3:23).

Ya que el pecado es el que divide a la humanidad, es solo el evangelio el que une a la humanidad. "Porque Él mismo es nuestra paz, y de ambos pueblos hizo uno, derribando la pared intermedia de separación, poniendo fin a la enemistad en Su carne, la ley de los mandamientos expresados en ordenanzas, para crear en Él mismo de los dos un nuevo hombre, estableciendo así la paz" (Efesios 2:14-

15). La reconciliación del evangelio se hace evidente en la iglesia, no cuando "diversas razas humanas" adoran a Dios juntos (porque solo hay una raza humana), sino que se evidencia cuando pueblos de toda lengua, tribu, y nación se unen para adorar a Jesucristo a pesar de sus diferencias nacionales, idiomáticas, sociopolíticas, intelectuales, y culturales.

Todos los cristianos debemos oponernos al racismo o a la discriminación por razones de tonalidad de piel, estatus social o económico, nivel de educación, nacionalidad, idioma o cultura. Dios aborrece la injusticia, el abuso hacia el prójimo, el maltrato, la humillación, y la parcialidad, "Porque el que procede con injusticia sufrirá las consecuencias del mal que ha cometido" (Colosenses 3:25). El concepto bíblico más parecido al "racismo" es la idea de "parcialidad" que a veces se traduce como "acepción de personas" o "favoritismo." Esto sucede cuando injustamente se trata con preferencia a alguien y con desprecio a otro por prejuicios diversos. Dios aborrece la parcialidad, "Porque en Dios no hay acepción de personas" (Romanos 2:11). Por eso Santiago, el hermano de Jesús, escribe, "Hermanos míos, no tengan su fe en nuestro glorioso Señor Jesucristo con una actitud de favoritismo" (Santiago 2:1).

Finalmente, no solo debemos oponernos a la discriminación por color de piel, o distinción cultural o idiomática, sino que debemos oponernos a la ideología que divide a las personas en "razas." Debemos renovar nuestra mente con la Palabra de Dios y proclamar la verdad de que el Creador del mundo solo hizo una familia humana, una raza para su gloria, y por eso todos somos uno (aunque divididos espiritualmente entre cristianos e incrédulos). La Biblia destruye la ideología racista al corregir su error ideológico y redimir el corazón pecaminoso que la alimenta.

BIBLIOGRAFÍA

Allen, R. Michael. *Reformed Theology, Doing Theology*. New York; London: T&T Clark, 2010.

Anderson, Justo. *Historia de los Bautistas*. El Paso, TX: Editorial Mundo Hispano.

Arndt, William. *A Greek-English Lexicon of the New Testament and Other Early Christian Literature*. Chicago: University of Chicago Press, 2000.

Bell, James Stuart, Editor. *From the Library of Charles Spurgeon: Selections from Writers who Influenced His Spiritual Journey*. Grand Rapids, MI: Bethany House Publisher.

Carson, D. A. *Christ and Culture Revisited*. Grand Rapids, MI: William B. Eerdmans Publishing Company, 2008.

Catecismo de la Iglesia Católica: Modificaciones Basadas en la Editio Typica. New York: Doubleday, 1997.

Chute, Anthony L., Nathan A. Finn, and Michael A. G. Haykin, *The Baptist Story: From English Sect to Global Movement*. Nashville, TN: B&H Publishing Group, 2015.

Davie, Martin. Editor. *New Dictionary of Theology: Historical and Systematic*. London; Downers Grove, IL: Inter-Varsity Press; InterVarsity Press, 2016.

Demarest, Bruce A. *The Cross and Salvation: The Doctrine of Salvation, Foundations of Evangelical Theology*. Wheaton, IL: Crossway Books, 1997.

Dever, Mark. *Why Should I Join a Church?* Wheaton, IL: Crossway, 2020.

Esto Creemos: Confesión Baptista de Fe de 1689, Cuarta edición revisada. Moral de Calatrava, Ciudad Real: Editorial Peregrino, 2011.

Ferguson, Sinclair B. and J.I. Packer, *New Dictionary of Theology*. Downers

Grove, IL: InterVarsity Press, 2000.

Hammett, John S. *Biblical Foundations for Baptist Churches: A Contemporary Ecclesiology.* Grand Rapids, MI: Kregel Publications, 2019.

Kapic, Kelly M. and Wesley Vander Lugt. *Pocket Dictionary of the Reformed Tradition,* The IVP Pocket Reference Series. Downers Grove, IL: IVP Academic, 2013.

Keller, Timothy. *Prayer: Experiencing Awe and Intimacy with God.* New York, NY: Penguin Books, 2014.

Leeman, Jonathan. *Don't Fire your Church Members: The Case for Congregationalism.* Nasville, TN: B&H Academic, 2016.

Luther, Martin., and Antonius Lauterbach, *The Familiar Discourses of Dr. Martin Luther.* Edited by Joseph Kerby. Translated by Henry Bell. New Edition. Lewes; London: Sussex Press; John Baxter; Baldwin, Cradock, and Joy; H. Mozley, 1818.

MacArthut, John. Editor. *La Evangelización: Cómo Compartir el Evangelio con Fidelidad.* Nashville, TN: Grupo Nelson, 2011.

McDowell, Josh and Don Steward, *Handbook of Today's Religions.* Nashville, TN: Thomas Nelson Publisher, 1983.

Mahaney, C. J. *Living the Cross Centered Life: Keeping the Gospel the Main Thing.* New York: Multnomah Books, 2006.

Manser, Martin H. *Dictionary of Bible Themes: The Accessible and Comprehensive Tool for Topical Studies.* London: Martin Manser, 2009.

Martin, Walter R. *The Kingdom of the Cults, Revised and Expanded Edition.* Grand Rapids, MI: Bethany House, 2019.

Medders, J. A. *Gospel Formed: Living a Grace-Addicted, Truth-Filled, Jesus-Exalting Life.* Grand Rapids, MI: Kregel Publications, 2014.

Michelén, Sugel. *El Cuerpo de Cristo.* Nashville, TN: B&H Publishing, 2019.

Nueva Biblia de Las Américas. Nashville, TN: Editorial Vida, 2020.

Piper, John. *La Pasión de Dios por su Gloria: Viviendo la Visión de Jonathan Edwards.* Miami, FL: Editorial Unilit, 2009.

Saarnivaara, Uuras. *Luther Discovers the Gospel: New Light upon Luther's Way from Medieval Catholicism to Evangelical Faith.* Eugene, OR: Wipf and Stock Publishers, 2003.

Sproul, R. C. *¿Estamos Juntos en Verdad? Un Protestante Analiza el Catolicismo Romano.* Burlington, NC: Publicaciones Faro de Gracia, 2015.

The Apostolic Fathers. Translated by Francis X. Glimm, Joseph M.-F. Marique, and Gerald G. Walsh. Volume 1. The Fathers of the Church. Washington, DC: The Catholic University of America Press, 1947.

The Westminster Larger Catechism: With Scripture Proofs. Oak Harbor, WA: Logos Research Systems, Inc., 1996.

Ursinus, Zacharias and G. W. Williard, *The Commentary of Dr. Zacharias Ursinus on the Heidelberg Catechism.* Cincinnati, OH: Elm Street Printing Company, 1888.

Ward, Mark. Editor. *Lexham Survey of Theology.* Bellingham, WA: Lexham Press, 2018.

Whitney, Donald S. *Spiritual Disciplines for the Christian Life.* Colorado Springs: Navpress, 1991.

BIOGRAFÍA DEL AUTOR

Luis David Marín es un pastor y escritor venezolano que reside en los Estados Unidos, donde ha vivido y ministrado alrededor de 10 años. Se convirtió a Cristo a sus 17 años a través del ministerio de *Cruzada Estudiantil para Cristo*, en Maracaibo, Venezuela. Desde muy temprano en su vida cristiana se apasionó por el estudio de la Biblia y teología sistemática reformada. A sus 18 años se mudó al *Seminario Bíblico Río Grande* en Edinburg, Texas, donde cursó una licenciatura en Estudios Bíblicos, graduando con honores.

En ese periodo él estuvo pastoreando una plantación de iglesia junto con otros estudiantes del seminario por varios años. En Texas también conoció a su esposa Emma, con la cual contrajo matrimonio. Al finalizar sus estudios de licenciatura, Marín y su esposa se mudaron a Louisville, Kentucky para continuar con una especialización teológica al estudiar una Maestría en Divinidad en el *Seminario Teológico Bautista del Sur*. En Kentucky tuvo el privilegio de servir en el liderazgo y luego obtener el cargo de pastor titular en la *Iglesia Bautista Highview en Español*, donde actualmente sirve con mucho gozo. El pastor Marín y su esposa tienen dos hijas pequeñas, Mariana y Marbella, y juntos anhelan vivir fielmente para el Señor y su obra.

Puedes seguir su ministerio de predicación, enseñanza y escritura en la página web y redes sociales de su iglesia *(highviewenespanol.org)*, al igual que en los ministerios digitales reformados donde contribuye como escritor ocasional: *Coalición por el Evangelio (coalicionporelevangelio.org)* y *Soldados de Jesucristo (somossoldados.org)*.

Próximas publicaciones de la Serie

Otras publicaciones

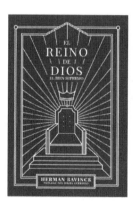

El Reino de Dios: el bien supremo
Herman Bavinck

En un sentido amplio, podemos decir que Dios es el bien supremo para todas las criaturas. Porque Dios es el Creador y sustentador de todas las cosas, la fuente de todo ser y vida, la fuente abundante de todo bien.

Este libro nos permitirá ver que el mayor bien del hombre es Dios, y solo Dios.

El Cristiano frente al Odio del Mundo
Ps. Julio César Benitez

Este libro relata una exposición concisa de los capítulos 16 y 17 del libro de Juan, allí el autor expone como el cristiano es odiado por mundo y cuál debe ser la respuesta que debe dar.

Otras publicaciones

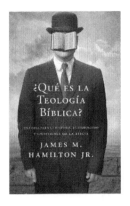

¿Qué es la Teología Bíblica?
James M. Hamilton Jr.

En ¿Qué es la teología bíblica?, Jim Hamilton nos introduce a esta narración, ayudándonos a entender la visión del mundo de los escritores bíblicos para que podamos leer el Antiguo y el Nuevo Testamento como esos autores pretendían.

Principios de Conducta
John Murray

En este libro, Murray señala al lector una y otra vez a toda la Escritura como la autoridad básica en asuntos de conducta cristiana.

Teología Bíblica en la vida de la Iglesia
Michael Lawrence

Este libro distingue entre el poder de la narración en la teología bíblica y el poder de la aplicación en la teología sistemática, pero también hace hincapié en la importancia de su colaboración en el ministerio.

Otras publicaciones

La Gloria de Dios en la salvación a través del Juicio [Vol. 1]
James M. Hamilton Jr.

Hamilton se mueve a través de la Biblia libro por libro, mostrando que hay un centro teológico para toda la Biblia. El método sistemático y el alcance del volumen lo convierten en un recurso único para pastores, profesores y estudiantes.

El Templo y la Misión de la Iglesia
G. K. Beale

Esta estimulante exposición traza el tema del tabernáculo y el templo a lo largo de la historia de la Biblia, iluminando también muchos textos y temas estrechamente relacionados.

Predicando a Cristo desde Génesis
Sidney Greidanus

Predicando a Cristo desde Génesis ofrece más de la sólida y práctica homilética de Greidanus. Incluye útiles apéndices como: "Diez pasos del texto al sermón", "Una modelo de sermón expositivo" y tres de los sermones propios del autor desde Génesis - este volumen será un recurso invaluable para predicadores y maestros de la Biblia.

Otras publicaciones

El Carácter del Cristiano
Tim Challies

En este libro Challies explora la Biblia a fin de considerar cómo podemos ser mejores ejemplos de las más altas virtudes cristianas. Al considerar el carácter del cristiano, nos estimularemos unos a otros al amor, a las buenas obras y a la semejanza de Cristo.

Sé Ejemplo
Tim Challies

Hay muchas formas de invertir tu tiempo en esta etapa de tu vida, pero la Biblia me ha convencido de que ninguna es mejor que la búsqueda de la piedad.

Este libro te impulsará a dar un ejemplo de madurez y piedad en tu forma de hablar, tu conducta, amor, fe y pureza.

Próximas publicaciones de la Serie

Síguenos en redes sociales
como **@montealtoes**

Puedes adquirir nuestros libros en:
www.montealtoeditorial.com